書中自有

ALL IN BOOKS

所谓会管理 就是会管人

高文斐◎著

河北人民出版社
石家庄

图书在版编目（CIP）数据

所谓会管理，就是会管人 / 高文斐著．-- 石家庄 : 河北人民出版社，2019.3

ISBN 978-7-202-13781-9

Ⅰ．①所… Ⅱ．①高… Ⅲ．①人事管理一通俗读物 Ⅳ．① D035.2-49

中国版本图书馆 CIP 数据核字（2018）第 292985 号

书　　名	**所谓会管理，就是会管人**
	SUOWEI HUI GUANLI JIUSHI HUI GUANREN
著　　者	高文斐
责任编辑	王云弟　刘大伟
美术编辑	于艳红
出版发行	河北人民出版社（石家庄市友谊北大街 330 号）
印　　刷	北京文良精锐印刷有限公司
开　　本	880 毫米 ×1230 毫米　1/32
印　　张	8
字　　数	152 000
版　　次	2019 年 3 月第 1 版　2019 年 3 月第 1 次印刷
书　　号	ISBN 978-7-202-13781-9
定　　价	32.80 元

目录

3 尊重与信任不是别人给的，是你自己“挣”来的

你合格不合格，自己说了不算，员工认可，你才是真正的领袖。

4 没有解决不了的问题，只有不会沟通的人

沟通是执行力的保证，缺少沟通，执行会受阻，甚至变形。

5 别怕，所有问题都有解

苹果、微软、谷歌等知名企业都在不断出问题，但是这并没有妨碍它们成为世界上最成功的团队。

6 员工怠惰？制造紧迫感

只有那些濒临死亡的团队才有资格怠惰。

9 赋能团队文化，构建竞争优势

团队文化是一种神秘的力量，助力团队持续前行。团队文化是团队的DNA，可以延续和传承。

前言　为什么好领导都是团队的教练？

每个好领导都是团队的教练，这是一种权力运用的问题，更是一种人力运用的问题。那么，教练式领导与传统型领导的区别在哪里呢？

传统型领导渴望权力，渴望用权力去约束下属，让他们按照自己的意愿做事。这是一种非常传统的做法，过去被证明行之有效。但是，随着时代的快速发展，人们总是能够找到更好的方法。与其做一个传统型领导，不如做一个教练式领导。一个人的力量毕竟有限，团队不应该是领导个人意志的体现，不应该是领导四肢的延伸。团队应该有属于自己的意志，而教练式领导负责将他们捏成一个整体，让团队中的每个人都发挥出自己的力量，让前进成为团队的惯性，永不停止，滚滚向前。

传统型领导是以一己之力扛着团队前进；教练式领导则是调教团队，调教完成以后只需要做适当引导，团队就能自发前进。这不仅是方式上的区别，更是力量上的差距。一个人的力量，始终无法和一个团队相比。教练式领导带领的团队所具有的能量一定比传统型领导带领的团队具有的能量更大。

教练式领导能够让团队成员明白，团队是每个人的，而不是领导一个人的；而传统型领导手下的人往往会产生某种共识，即所有人都在为领导打工。这两种心态在工作中迸发出的能量完全不同。教练式领导能激发团队中每个人的能量，而传统型领导往往是孤独的，常常感觉高处不胜寒。孤独不可怕，可怕的是孤军奋战，将一切扛在自己肩上，不管出了什么事情，都没有人分担。教练式领导，只需要负责自己的事情；传统型领导，则要事无巨细地去过问。

真正的管理，不是管理团队中的大小事务，不是管理团队中的每一项工作，而是管好团队中的每一个人。真正理想的团队是每个人都不迷茫，都有目标，都有执行力，都能够各司其职。所以，管好团队中的每个人，就相当于管理好了一个团队，即便放手，团队也能够自发前进。所谓会管理，就是会管人。

1 人性禁不起考验，约束不可缺失

人性禁不起考验，每个人身上都有劣根性。依靠自觉来约束团队，是不太可能的。

没有职、权、责，你存在的意义是什么

一个集体如同一台机器，每个人都有属于自己的职务、权力和责任。这些都是不可避免的，是必须要承担的，也是个人在集体当中存在的意义和价值，缺少其中任何一项，都说明你与这个集体格格不入。如果这三种你都没有，那么你根本没有存在于这个集体的意义。在一个团队中，划分职、权、责，更多是靠制度。将每个人的职、权、责规定清楚，管理才不容易陷入混乱。

我们先来说说职务。职务可以说是你进入一个团队的根本原因。如果不是因为你可以胜任某个职务，你都没有进入这个团队的机会。

每个人都需要明确自己的职务，不仅仅是字面意思的职务，更重要的是你在这个团队中需要做什么。很多时候你的职务内容会超出你的想象，超过了职务字面上的范围。所有人都明确了自

己的职务范围，这个团队才可能无死角地运行，继而健康发展。

其次来说说权力。权力是个好东西，每个人都渴望拥有更多、更大的权力。权力并不是单独存在的，而是职务的衍生物，你担任的职务越重要、越复杂，你的权力就会越大。团队当中的每个人都要明确自己的权力有多大，以便在处理问题的时候有自主权，有主观能动性。如果团队当中有人不清楚自己的权力是什么，那么他的上级和下级就会承担更多责任，他本人的工作也可以由机器代替。

最后讲讲责任。一个团队成员拥有的权力越大，需要承担的责任就越大。权力可以让人在自己的职务上决定一些事情，而责任是束缚权力的一条链条。当权力被滥用，开始产生负面效果，或者是计划、指示没有被贯彻，职务的所有者、权力的使用者就必须承担责任，为自己做的事情负责。

团队中每个人都有属于自己的职、权、责，而且这些内容并非是加入团队以后逐步分配的，最好是在团队刚刚组建时就大致分配好，以后再慢慢调整，使其更合理、更明确，否则一旦有人认为其他人的权力比自己更大，获得的利益比自己更多，责任比自己更少，团队就会出现问题。

小陈、小李和小张从中学开始就是形影不离的朋友，虽然上了大学以后各奔东西，但是大学毕业后三人不约而同地选择了回家创业。三人再次聚首，决定成立一个以本地内容为主要卖点的新媒体。小陈是学新闻的，承担了采编的工作；小李是学市场营销的，负责开拓市场，找广告和赞助；小张是学设计的，负责为内容排版、作图。三个人分工明确，小工作室经营得风生水起，没多久就开始盈利，渐渐在本地小有名气。

小李一直在外面跑业务，一天，一位逐渐熟悉的客户问他："公司只有你一个业务员吗，怎么每次都是你亲自来？"小李不好意思地说："我们正准备扩大工作室的规模，现在只有我们三个人。我负责跑业务，其他两个人负责其他工作。"客户表示理解，随口说道："没关系，以后会做大的。做大了你也有坐在办公室吹冷气的一天。"小李没有反驳，但是客户的无心之言却让他非常不舒服，内心有些失衡。他想，采编这件事情不算难，自己也有些文学功底，Photoshop[1] 在大学时也学过，排版之类的事情也难不倒自己，为什么是自己在外面风吹日晒跑业务呢？

小李回去便向小陈和小张提出了更换工作岗位的想法。小陈觉得，自己每天半天在外面跑，半天写文章，时间太紧张，小张的工作好，每天只要其他人把工作做好，交到自己手里，再排下版，工作就结束了。小张也觉得自己的工作不好做，每天不管是排版还是设计都要改上无数次，永远无法让所有人满意，不管付出多少，总有人说做得不好。于是，三个人愉快地交换了岗位，小陈负责排版、作图，小张负责跑业务，小李负

1 Photoshop，简称"PS"，是一种图像处理软件。

责做采编的工作。

然而，更换岗位并没有让他们得到自己满意的工作。小陈改换了排版、作图的工作后，很快就不厌其烦了。排版是文章内容发表的最后一步，只有其他两个人完成了手里的工作，他才能确定要怎么做。他的时间的确变多了，经常一整天无所事事，但要在最后几个小时里玩命工作，往往是其他两个人下班了，他一个人留在工作室加班，或者是把工作带回家做。有时候所有工作都做好了，临时来了一则广告，或者是加了一篇文章，他的工作就需要推倒重来。如果不重新做，排版出现任何问题，都是他的责任。

小李从业务员变成了采编，每天能有半天时间坐在办公室，这让他很满意。但是，他却有一种无力感，采编和业务员的工作内容截然不同，他跑业务的时候，可以陪着客户天南海北地聊，想说什么就说什么，而做采编，则需要提炼重点，言简意赅。他的文章常常是洋洋万言，却抓不住重点，被读者诟病，粉丝量和阅读量日渐下滑。

小张的业务工作进展得也不尽如人意。他不擅长沟通，做事死板，常常感觉束手束脚。公司规定多少钱，打多少广告，怎么打广告，他就严格按照规定做，根本不知道自己手上拥有多少权力，可以让步给客户多少。这让工作室失去了很多客户，营收开始直线下降。

半个月后，苦不堪言的三个人重新做回了原来的工作，明确了自己的职务、权力和责任，工作室也重新回到了正轨。

在一个团队中，每个人都有属于自己的位置，不必羡慕其他人的职务、权力和责任。明确职务、权力和责任，是团队良性发展的保障。

游戏规则的最终解释权，归本人所有

管理团队并非一件易事，有些时候是因为管理经验和能力不足，有些时候是因为日新月异的发展让我们不能马上做出反应。不管原因是哪一种，我们所制定的规则、划分的责任范围，总是会有漏洞、有死角、有引发争议的地方，甚至有时候这些漏洞引发的后果是我们想象不到的。有员工钻空子其实不可怕，可怕的是你要承担员工钻空子的后果，又不能对其进行处罚。所以，在制定规章制度的时候，我们要拥有最终解释权。

某公司随着规模逐渐扩大，业绩越来越好，新员工也越来越多。这些员工都是公司精挑细选出来的，不是毕业于名牌大学，就是从其他公司跳槽来的精英人士。这些员工个个都是人精，一开始还相当安分，不久后就开始钻公司制度的空子，很多不曾出现过的问题暴露在公司管理人员的面前。

刘进是公司的新员工，毕业于某名牌大学，有上进心，是公司着重培养的对象。进入公司一年后，管理人员认为刘进无需继续做业务员，在其他位置上应该更有发挥空间。但是，他拒绝了这个建议，要求继续留在市场部，并且表示即便将来升职，也不愿意去其他部门。又过了半年，刘进的绩效出现惊人增长，在全新的市场区域他击败了所有同事，成为了区域经理。但是，他调离该区域后，很多老客户不再购买该公司的产品，公司的市场占有率急剧下降。

这种令人疑惑的情况出现以后，公司马上展开调查，结果发现不是产品出了问题，也不是该地区的新负责人不努力，而是刘进开拓市场的方式太野蛮。他将自己的销售提成拿出一半来为客户返现，以致客户可以用非常低廉的价格购买产品，这让刘进迅速拥有了大量客户。但是，这种方式只对刘进一个人有好处，对公司的长期发展来说非常不利。一旦该区域的新负责人不愿意给这些客户相同的补贴，客户就会转而购买其他公司的产品。

在同一时期，钻制度空子的还有一位名叫邵谊的女士。她是猎头从其他公司高薪挖来的，有非常强的研发能力，是公司非常看好的顶级人才。她同样让公司管理者头疼不已。第一年邵谊表现良好，很好地完成了工作，但是一年以后就开始给公司出难题。公司每年 8 月更新一次产品，5 月是研发新产品的重要时段。公司的每位老员工都有带薪年假，且研发人员有更多福利，年假时间比普通员工长一倍。邵谊每年有 10 天年假，问题不是她年假时间长，而是她选择休年假的时间。她每次都选择在公司研发最紧张的时段休年假。其他研发人员夜以继日地拼命工作时，她却优哉游哉地度假去了，对此其他同事怨声载道，甚至有些研究人员表示明年也要选在这几天休假。

针对两个钻制度空子的员工，公司管理层经过讨论给出了截然不同的处理方案。刘进仅被罚扣半年奖金，邵谊则被要求主动辞职。邵谊不服，去找管理层理论，公司的规章制度上虽然有“禁止钻空子”这一条，但是并没有详细的处罚方案，只有“严惩不贷”四个字，邵谊觉得对两个人的处罚截然不同，是不合理、不公平的。

管理人员给邵谊的说法是，刘进的做法激进，钻了制度的空子，甚至让公司蒙受了损失，但是他的做法建立在努力、上进的基础上。他拼命为公司开拓市场，也为自己谋个更好的前程，即便有错也可以原谅。公司会马上出台新条例，补上他钻的空子。而邵谊的行为虽然没有违反公司的规章制度，也没有让公司蒙受太大损失，但是却违反了职业道德，伤害了其他同事，破坏了团结。对于“严惩不贷”，公司有最终解释权。

世界上没有任何规章制度能将所有规则涵盖到，不可能约束到每个人的一举一动，即便可以，这样的规定也未免太不近人情、太残酷。一些模棱两可的事情，不仅可以给员工留下一点儿自由的空间，而且可以给管理人员处理问题的时候留下一点儿余地。我们要让规则管理不到的地方变成一个有弹性的空间，一旦在未知领域出现问题，就可以在弹性范围内适当做出反应。契约精神不能违背，更不能让员工拿钻空子当成可以攫取利益却不会受到惩罚的不法地带。我们允许员工犯错，但不允许他们触碰团队的底线。

允许犯错，但高压线谁碰谁死

人生在世定要受到条条框框的约束，家有家规，学校有校规，国家有法律，公司自然也有自己的规定。这些规定不是为限制人的自由，而是因为人无完人，每个人都有犯错的可能。不管是因为无知，还是因为一时大意，又或者因为利益驱使，没有人能够一辈子不犯错。甚至可以说，每个人都有明知这件事违规，却因为某种原因偏要以身试法，去挑战一下权威的经历。

犯错并不可怕，犯错是成长的必经阶段，管理者应该允许下属犯错，甚至在错误不严重的情况下，选择不追究、不给予实质性处罚。但是，有些错误不能犯，一旦犯了，就要用最严厉的方式处罚。

老白是某国企工厂的车间主任，别看他总是板着一张脸，实际上是个非常好说话的人。作为有毒有害工种的从业人员，这些工人的工作又辛苦、又危险，老白总是在力所能及的范围内让他们过得舒服一些，私下里对他们都很好。

小孙是老白车间的工人，刚刚进入工厂一年，勤奋、积极、乐于助人，又懂得尊敬老人，老白非常喜欢他。年轻人总是有些毛躁，小伙子虽然小毛病不断，但每次犯了错误，老白顶多笑骂几句，再告诉他以后不许再犯了。就是这样一个不错的小伙子，后来被老白开除了。

小孙究竟犯了什么错误呢？其实在大家眼中，小孙做的这件事算不上大错，只是好心办了坏事。那天，一位工友临时有事，需要换班，一时间又找不到人，小孙听说后便应承下来。小孙进入工厂一年有余，虽然和那位工友的工种不同，但自认为熟悉整套流程，能够应付下来。小孙自信满满地开工，结果出了意外，伤了手臂。

小孙觉得这不是大事，养一段时间就好了。没想到，得知此事后老白勃然大怒，马上汇报上级，解除了和小孙的劳动合同。小孙觉得非常委屈，在老白来医院看他的时候，满腹不解地提出了疑问。老白告诉他，跨工种替班是工厂的大忌，是规章制度明令禁止的，这次幸好只是伤到了手臂，如果伤到别的地方，如果是更加严重的伤呢？如果伤到的是其他工人呢？这个责任谁也承担不起，所以只能做开除他的决定。

人非草木，孰能无情；人非圣贤，孰能无过。在任何一个团队中，总会有人犯错，有些错误需要惩罚，有些错误只需要责骂几句，但是有些错误坚决不能犯。这些错误如同高压电线一样，充满危险，是团队的底线，任何人犯了这种错误，都要严惩不贷。

很多团队的制度非常严格，但有些问题不在制度之内，不可能做硬性规定，如果非常强硬地去执行每一条规定，就显得团队没有人情味。拿迟到、早退这件事来说，如果遇到不可抗力的情况，如大雪天、汽车故障或者临时有急事，迟到或早退是可以接受的，这并不属于不可触碰的高压线的范畴。按照规定，给予小小的处罚就可以了。如果是因为可有可无的私人问题违反了公司的条例，则要严惩，例如有些员工给出的迟到理由是去买奶茶，排队的人太多了，这种情况绝对不能姑息，应该加重惩罚力度，以儆效尤。

员工犯错有一条高压线，而处罚员工同样有高压线。这种高压线虽然不是谁碰谁死，但一旦触碰，会让管理人员失去人心，让团队氛围越来越差。

翻旧账是管理者不能触碰的一条高压线。对于犯错的人，要就事论事，不能抓住曾经的错误不放，更不能一罪多罚。大多数人能从错误中吸取教训，及时纠正和弥补，并在今后避免犯同样的错误，管理者如果不管不顾，反复提及曾经的过错，容易伤害员工的自尊心，打击员工的自信心和工作积极性。

每个人都有主观想法，身处一个团队，管理者总会有意无意地给每个成员打上标签，有些是好的，有些是坏的。人们往往从情感上更加倾向那些拥有好标签的人，不喜欢那些被打上不好标签的人。在处理问题的时候，这种个人的好恶往往会左右管理者的想法。所以，以个人情感来决定奖惩，也是一条高压线，管理者要尽最大可能维持公正、公平。如果管理者总是凭借主观想法去解释规则，规则就失去了本身的作用，管理者自身的信用也会随之流失。

“好心”不是违规的借口

如果有人好心办了坏事，要不要受罚？有人说，不能伤了好人的心，应该原谅；也有人的想法比较极端，认为好心办坏事是蠢的表现，世界上不存在“好心办坏事”的道理。在现实生活中，这个问题处理起来十分复杂，需要多方面考量，具体事情具体分析。但是在团队管理中，这种问题处理起来相对简单。

规章制度就是团队内部的法律，虽然不具备法律一样的强制力，但也不能违反。在团队管理中，违规就是违规，不能根据对方出发点的好坏来决定处罚的力度。违反规则，绝对不是什么好事，即便有时候看起来结果不坏，但从长期来看造成的影响却可能非常糟糕。

春秋时期，孔子的故乡鲁国有一条规定，如果在其他国家看见有鲁国人被贩卖，可以花钱把人赎回来，赎金由政府报销。

当时，各大国之间征战不休，任何一个国家想要强大，有足够的子民必不可少，鲁国出台这条规定是希望维持国内的人口数量，同时增加国民的凝聚力。

孔子有一名得意弟子，名叫端木子贡，是孔门十哲之一。他才思敏捷，富有才华，有很强的上进心和非常好的口才，且擅长经商。一次，他外出行商，在其他国家看到鲁国的子民被当成奴隶贩卖，便花钱将这几个人赎了回来。按照规定，他应该去找鲁国政府报销赎金，但他身家颇为丰厚，便没有这样做。

后来，他向孔子提起这件事，认为自己大义凛然、慷慨大方，一定会得到孔子的夸奖。没想到，孔子不仅没有夸奖他，还训斥了一顿，子贡满腹委屈。孔子说："你擅长经商，家财万贯，看不上那点儿钱财，但是其他鲁国人可比不上你。你将这件事情做得大义凛然，是因为你没有经济压力，其他鲁国人呢？你不肯拿政府的钱，其他人自然也不好意思拿，而让他们自己花钱去赎人，又会让他们经济困难。那么，以后鲁国人看见沦为奴隶的子民，还会愿意花钱去赎吗？"

这个故事与上一节的案例相似。上一节中讲到，小孙在未经领导许可的情况下帮工友顶班，受到重罚。小孙虽然出于好心，但造成的后果很严重，短期来看，小孙受伤住院，工厂遭受部分损失；长期来看，如果不给予小孙处罚，会有越来越多的人出于好心，肆无忌惮地违反工厂规定。

所有规则都是以远见和大局为基础制定的，有些时候个人行为的出发点是好的，但如果与规则相悖，未必能获得一个好结果，有时甚至会带来毁灭性打击。

有一个女孩在面包店打工，她正处在对恋爱充满幻想的年纪，面包店束缚住了她的人，却束缚不住她的心。她常常幻想有一位白马王子出现在面包店，成为她的真命天子。一天，面包店来了一个清秀的年轻男子，他的长相和气质满足了女孩的所有幻想。年轻男子只买了一个最普通的白面包就匆匆离开了，但这不妨碍他成为女孩幻想中的白马王子。

第二天，年轻男子再次来到面包店，仍然只买了一个白面包就匆匆离开了。第三天和第四天也是这样。通过仔细观察，女孩对他的认识更深了。她发现他的穿着有点邋遢，衣服上还沾染油彩，当然，在少女心中这样不拘小节也不是什么坏事；他白皙的手指上有黑色的痕迹，看上去像是煤炭留下的。衣服上的油彩和手指上的炭灰，让他的身份呼之欲出，他居然是个年轻的画家。女孩很快在心中勾勒出一幅画面，一位才华横溢的年轻画家，在出名之前，每天都拼命画画，他省吃俭用，购买最普通的白面包充饥，将大部分钱用来购买绘画工具。

女孩沉浸在幻想中，甚至不知不觉心生一丝怜悯。“他那样年轻，那样富有才华，却过着这般清苦的日子。我应该帮帮他，至少为他换一个好一点儿的面包。”

第五天，年轻男子如期而至，依旧要买一个普通的白面包。女孩小心翼翼地将一个奶油夹心面包装进袋子，递给他。年轻男子离开后，她幻想着他吃到奶油时的场景，他会怎样想呢？“是那个女孩拿错了？还是她喜欢我？”想到这里，女孩羞怯地低下了头，尽管店里只有她一个人。

这个时候，一阵急促的脚步声打破了她的幻想。年轻男子将一个掰开的面包丢在她面前，大吼道：“你是笨吗？面包也能拿错？我拿普通白面包来擦拭画布上画错的地方，而这个奶油面包将我几天的心血全毁了！”

好心未必会带来好的结果，你自认为足够了解规则，实际上未必如此。

规则是用来遵守的，不是用来打破的，每个人都会犯错，但绝对不能轻易犯错，不能明知故犯，更不能拿“好心办坏事”当作违规的借口。只有尊重规定，才能真正解决问题，而不是因为出于好心就不进行处罚，也不能因为没有造成严重的后果就放过了。不管出发点是什么，违规就是违规，违反规则没有什么好事。

无法执行的制度，就是笑话

规定必须要被遵守，一定要被执行，一个不能被遵守的规定，对团队来说有百害而无一利。很多团队在成立之初挖空心思制定了全面、严苛的规章制度，力求从方方面面约束员工，却不曾想过，有些规定死板且不合理，执行起来困难重重或完全无法执行。也有管理者认为，规章制度近乎苛刻，没什么不好，即便将来执行不下去，也不会有什么损失，至少能起到震慑作用。而更多事实证明，无效的制度威慑力十分有限，且贻害无穷。

某杂志社成立已久，有很多元老级的资深编辑，他们工作能力强、态度认真，尽管新来的年轻人学历高、思想活跃，但始终无法替代这群老编辑成为杂志社的顶梁柱。老编辑们什么都好，就是有一个坏习惯——吸烟，几乎每个老编辑工作时都烟不离手，按照他们的说法，不吸烟就没有心情工作。随着杂志社的规模逐渐扩大，年轻人和女性编辑越来越多，吸烟这件事成为了半数团队成员深恶痛绝的事情。他们数次向管理层反应，老编辑们吸烟不仅影响了他们工作，更威胁了他们的身体健康。管理层也认为，办公室总是烟雾缭绕，不仅影响不吸烟的员工的工作和身体健康，更给来洽谈合作的人留下了不良印象。

为了改变这种情况，管理人员制定了全新的规章制度，其中一条是“禁止在办公室吸烟”。新规章制度让老编辑们怨声载道，对他们来说，边工作边吸烟已经成为习惯，烟和茶水一样，是工作中不能缺少的部分，缺少哪一样，都觉得全身不适。新制度规定，吸烟要离开办公室，去走廊里吸。一段时间以后，管理层发现老编辑们待在办公室的时间越来越少，工作效率大不如前。很多老编辑没坚持多久，就故态复萌，回到过去边工作边吸烟的状态，办公室禁止吸烟这条规定变得形同虚设。

管理层正因为老编辑们工作效率下降而头疼不已，看见他们重新在办公室吸烟，同时工作效率提高了，就对这件事情“睁一只眼、闭一只眼”，不再过问。

管理层的做法让不吸烟的员工非常不满，老编辑们明目张胆违反规定的行为让他们产生逆反心理，他们也开始蔑视办公室的规章制度。不久，整个办公室的工作氛围变得非常懈怠，所有员工的工作效率急剧下降。当管理人员要对他们的违规行为进行处罚时，马上有几个人跳出来指着正在吞云吐雾的老编辑说：“要罚先罚他们！”

最终，杂志社只好又租下一间办公室，将吸烟的人和不吸烟的人分开。

不能被执行的规章制度，坏处非常大。将人放在一个环境中，让他懂得遵规守纪，明白每项制度的目的，是非常漫长的过程。如果其中一项规定是约定俗成可以不遵守的，势必会让其他规定也变得缺少约束力。规章制度是一个整体，甚至说规章制度和制定规章制度的人也是一个整体，一荣俱荣、一损俱损。

如果某项规章制度是针对团队中一部分人的，另一部分人可以不遵守，后果则更加糟糕。那些被规定束缚的人，无疑失去了更多权力和自由；那些不必遵守制度的人，显然要比遵守制度的人拥有更多优势。时间长了，这种优势会形成态度上的优越感，引起双方对立，对立一旦形成，团队内部就容易形成小团体，极大破坏团结和凝聚力。

所以，制定规章制度时，一定要考虑规章制度是否合理、能否被执行，而这取决于多个方面。

细化程度决定了规章制度是否明确。规章制度不明确，在解释的时候需要使用“大约”、“大概”、“可能”这些词汇，那么执行起来会非常困难。当没有人能够明晰、坚定地解读这些制度，说不清奖励和惩罚机制，制度毫无疑问是形同虚设的。

可操作性是规章制度被执行的根本。如果规章制度建立在空中楼阁上，不管是奖励制度还是惩罚制度都难以被执行下去，或者执行与不执行相差无几，这种规章制度就完全没有威慑力，只能被人当成笑话。例如，某公司规定，违反某项制度的员工会被扣发当月绩效奖金。这项制度对有绩效奖金的员工来说是一项可执行的制度，但对没有绩效奖金或者绩效奖金很少的员工来说就是个笑话，后者可以肆无忌惮地违反规定。

明确的执行主体是规章制度最重要的组成部分。当有人违反规章制度，除了处罚当事人之外是否还有其他人有连带责任、处罚由谁来执行，都必须做出严格说明，否则大有文章可做。

不能被执行的规章制度是有害的，我们需要逐步地去修改、完善它，使之更加合理、有效，从而促进公司的良性发展。

没有完美的制度，要有追求完美的态度

制度是人制定的，这就注定所有制度都有其局限性。即便当时看似完美无缺的制度，随着时代的发展，新兴事物的不断出现，人们知识面的不断扩展，也会随之出现漏洞。随着漏洞越来越多，原本完美无缺的制度就会变成一把千疮百孔的伞，再也无法起到遮风挡雨的作用。

法律是一个国家、一个地区、一个社会最基础的制度，其制定是最花费时间、动用人力最多的。即便如此，法律始终在不断完善。在封建社会，随着朝代更迭、社会变迁，出现了各种各样的法律形式，促进了封建法制的完善。到了近现代社会，法制进一步取代人治，出现了更加完善的法律体系。进入互联网时代，网络信息安全等新问题不断涌现，法律的不完善和监管机制的不健全再一次展现在人们面前，为保护互联网的安全、有效运行，近些年与互联网有关的法律法规接连出台。法律在

逐步完善，以适应不断变化的时代，更何况一个团队的规章制度呢？

日本是一个非常尊重传统文化的国家，其企业往往有一些特别严格的规章制度，且很少有人想去完善、改变它。他们奉这些古老的制度为金科玉律，一切都严格按照这些制度来执行。在日本国内，这些制度确实让企业获得了良好发展，令企业逐步壮大，可这些企业一旦走上国际化之路，问题就暴露出来了。这些规章制度存在大量漏洞，不仅让其他人有空子可钻，更影响到公司的长期发展。

日产汽车公司（以下简称“日产公司”）历史悠久，是日本第一家生产汽车的公司。20 世纪 80 年代日本经济呈爆炸式增长的时候，日产公司的风头可谓一时无两，占据了日本绝大部分的汽车市场，日进斗金。但是几年后，其发展开始陷入停滞。到了 20 世纪末，日产公司甚至陷入了不断亏损的窘境。这不是因为日产的汽车不够好，而是因为企业的规章制度始终没有更新和完善。

1999 年，法国雷诺汽车公司收购日产公司 36.8% 的股份，成为董事会的重要成员。雷诺汽车公司专门派副总裁前往日产公司解决亏损问题。到达日产公司，雷诺副总裁很快发现日产公司制度中存在如下问题：

首先，公司内部论资排辈问题非常严重，这是传统日本企业的通病。这导致新人和新人的关系更加紧密，前辈与前辈的关系更好，新员工和老员工之间缺少沟通，更谈不上合作；

其次，公司的规章制度过分强调竞争，特别是对外竞争。这导致企业专注于如何超越竞争对手，而从根本上忽视了客户的需求；

再次，公司有详尽的惩罚机制，缺少相应的奖励机制。这导致员工缺少上进的动力，也没有理想、抱负。

副总裁马上着手修改、完善规章制度，主要包括以下几个方面：

第一，改变日产公司各部门的工作方式，改变各自为政的局面，令部门之间通力合作，甚至还专门组建了几个跨部门的团队；

第二，改变企业故步自封的发展模式，眼睛不能只盯着竞争对手，更要盯着客户。不能只盯着日本的客户，更要盯着全世界的客户。只有适应国际化的发展趋势，才能让日产公司走出亏损的泥潭；

第三，改变传统日式企业论资排辈的状况。用人不看资历，提拔不看工龄。那些真正有才能的人，能升职加薪，获得更好的待遇。把合适的人放到合适的位置上，企业才能不断前进；

第四，尊重不同地区员工的文化差异。制定规章制度不能一概而论，要根据实际情况来拟定，比如，日本本土公司的制度，要在不影响公司运转的情况下尊重日本员工的习惯，而法国的员工同样需要尊重，不能为了迁就哪一方而忽略了另一方。

改变制度带来的好处是惊人的，日产公司马上焕发出了全新的活力。不到五年时间，日产公司不仅扭转了亏损的局面，利润率更是超过了丰田和本田两个强有力的竞争对手。

人无完人，制度同样如此。从团队成立之初缺少制度，到制度建立，再到完善制度，是一个不断发展的过程。但是，不是每个企业都能在第一时间抓住完善制度的契机，甚至不少企业在吃了制度不完善的亏以后才想着去改变。那么，什么时候需要完善制度呢?

企业扩大规模的时候。企业发展壮大，扩大规模是一个必经阶段。规模一旦扩大，就会有新员工加入，新部门也会不可避免地出现。特别是有些团队获得投资以后，规模在短时间内扩大几倍。一个十几人的团队，与一个几十人的团队以及上百人的团队，使用的规章制度必然不同。这是管理人员不能面面俱到的原因，更是企业不能将所有心思放在几个员工身上的原因。所以，扩大规模的时候需要及时完善规章制度。

团队进入另一个区域的时候。所谓进什么山，进什么庙，拜什么佛。每个地区都有自己独特的情况，或许是地理影响，或许是人文影响，企业在开拓另一个国家或地区的市场时，总会或多或少地遇到和之前不一样的问题。想要快速适应新环境、解决新问题，完善企业的规章制度不可避免。

生产方式改变的时候。生产方式在不断改变，比如最开始是纸质办公，后来是计算机办公，现在还有移动办公，未来还将实现智能办公。生产方式的改变导致团队必须不断更新规章制度来适应新发展。拿保密这件事情来说，最开始只需要保密文件，后来计算机办公的盛行又增加了光盘和硬盘加密，而随着移动设备的广泛应用，对 U 盘和手机的保密也被纳入保密条例。

这个时候，员工不该躲在角落里

制度诞生伊始，人们就对其有不同的理解和看法。有些人认为，规章制度是好东西，能够让人们更有条理地做事，避免做坏事。有些人则认为，制度是限制自由的枷锁，没有制度，生活将更加轻松愉悦。建立规章制度的出发点是好的，这一点毋庸置疑，只是任何一种制度都不能面面俱到，令所有人满意。正因为如此，才有人质疑制度的合理性。如何最大程度保证制度的合理性，使其更好地被执行？不妨想方设法将制度变成大家的，完善制度的时候，不能让员工躲在角落里。

1889 年的一天，柯达公司创始人乔治·伊斯曼先生收到一份建议书，建议书的内容并不出奇，是一位普通工人建议生产部门能够维护窗子的洁净。这个建议无关紧要，但是该工人的行为却为乔治·伊斯曼提了一个醒。要让公司有健全的制度，单靠一个人的力量不行。如果能够群策群力，让全体员工行动起来，就能够制定出相对完善的规章制度。于是，乔治·伊斯曼公开表彰了这个工人，给他发了奖金，并在公司内部确立了一项完善制度的制度，这项制度后来被称为“柯达建议制度”。

这项制度确立以后，乔治·伊斯曼在走廊的角落里放了一个桌子，上面有空白建议表，方便员工随时取用。有建议的员工将表填好后放在公司内部的邮箱中，专门负责这件事的秘书会每天整理并送到相关部门进行审核和评价。提出建议的人可以打电话给审核部门，询问进度。

建议一旦通过，会被加入公司的规章制度中，提出建议的人也会获得一定数额的奖金。如果建议没通过，审核部门要正式给提出者下发通知，告知原因。如果认为审核部门的裁决不公正，建议者可以提供更多依据，如果这些依据有说服力，审核部门会让这个建议在小范围内进行试验，根据试验结果决定审核是否通过。如果提出人担心建议遭到非议，匿名也是允许的。匿名建议通过后，审核人员会将该建议的编号放在公司的布告栏上。

这项建议制度的细节繁杂，柯达公司专门为其制作了员工手册，发放给大家，保证每一个员工都能够积极、顺利地参与进来。

建议制度成为柯达公司保持一百多年长盛不衰的秘诀。在这些年里，这项制度为柯达公司提供了超过一百万条建议，有些建议是有用的小事，有些建议则对公司产生了深远影响。

制度不是为了束缚他人的自由，更不是专门为管理层服务。但是，只从一个视角来制定规则，制度必定不会太完善，甚至可能被人误解，只有让每个人参与制度的制定，大家才更愿意遵守制度。

这种集思广益、群策群力的方式还能带来更多好处。当团队规模越来越大，通过不断完善制度，让规则变得更合理，能够尽可能避免团队在扩大过程中走上歧路。如果管理者来做这件事，会消耗大量时间和精力，如果利用每个人的智慧，让每个人为制度和规则的完善添砖加瓦，事情会变得简单很多。

设立建议制度的好处非常多，其中很重要的一点是培养员工的主人翁意识。如今年轻人跳槽越来越频繁，工作更多是为了养家糊口，很难对团队和工作产生感情，如果让他们参与制度的制定，他们很容易明白团队不是某个人的，而是所有人的。

要让制度为所有人服务，设立建议制度只是一道门槛，操作不当，容易流于形式。要让建议制度切实地运行下去，必须有相应的团队制度和惯性作支持。例如，团队必须将人的才能放在第一位，让有才能的人得到相匹配的待遇。谁有才能，不是靠谁说的，要靠公平、公正的考核制度，有了这样的制度，谁是人才、谁是庸才，就能一览无余。

说来说去，规则、制度最终是为人服务。以人为本，才是规则与制度建立的最终目的。而我们建立的规则、制度，即便不能让所有人满意，也要尽量让大多数人满意。

2 目标引爆驱动力，大格局决定大未来

对于一个团队来说，没有目标就等于没有未来。团队能走多远，在一定程度上取决于目标。

大目标撑死，小目标饿死

目标是人一生中不可或缺的东西，小时候有长大后要做什么的目标，长大后又会有全新的目标。今天有今天的目标，明日有明日的目标。没有目标，人会变得懈怠，精神会陷入空虚和迷惘。反观那些有目标的人，他们往往有坚定不移的眼神，有持续向前的动力。对于一个团队来说同样如此，每个成员都有目标，团队才能持续发力、不断前进。

那么，什么样的目标才是好目标呢？

伟大的古希腊教育家苏格拉底非常喜欢和年轻人在一起，他认为年轻人只要接受良好的指引和教育，都能成为国家的栋梁。他的教育方式并不古板，擅长因材施教。对于那些拥有良好天赋、家境优渥的年轻人，苏格拉底告诉他们，越是拥有好条件，越是要认真学习，他们如同年轻的烈马，训练得当，将来会成为千里马；如果他们没有得到良好的教育，天赋越好，性格越坚定，越容易伤害他人，甚至做出危害社会的事情。

柏拉图的堂弟格老孔在20岁时就立下了宏伟的目标——成为整个城邦的领袖，带领城邦走向富裕和幸福，带着荣耀站在所有人面前发表演讲。有理想是好事，只是这个理想对于他来说不太现实，他缺少天赋，也没有在后天进行系统学习。家人对他的理想非常担忧，生怕他脑子一热就登上讲坛演讲，让全家人成为笑话。苏格拉底是柏拉图的老师，自然不能对这种情况视而不见，他打算找格老孔聊聊。

苏格拉底假装对格老孔的想法感兴趣，表现出支持他的样子，格老孔非常高兴。几句闲聊之后，苏格拉底将问题带入实质阶段。他问格老孔：“你想要成为城邦领袖，就要有足够的贡献。你有什么想法吗？”格老孔显然想过这个问题，回答说：“我要让城邦富裕起来。”苏格拉底又问：“如何能让城邦富裕起来呢？”格老孔迅速回答：“当然是增加城邦的税收。”苏格拉底进一步逼问：“如何增加城邦的税收呢？城邦今年的税收是多少？都是从哪里来的呢？”一连几个问题让格老孔哑口无言。接下来，苏格拉底又问了很多关于治理城邦的问题，格老孔的回答没有一个让他满意。

苏格拉底开导格老孔：“要让一个城邦富裕起来，不如先尝试让一个家庭富裕起来。如果你有想法，可以去说服你的家人，可以从你叔叔家开始。如果你连你叔叔都说服不了，那干脆不要做了，一家都说服不了，如何说服一个城邦呢？”

事实就是如此，能够达到的理想才是好理想。不从自身情况出发、不具备可操作性的理想叫好高骛远。我们拥有远大理想的同时，也要有眼前的小目标。只有将眼前的目标一个个组织起来，铺成一条道路，才会离远大的理想越来越近。

目标不能太遥远，不能太难实现，同样不能太简单。人类进步的过程，就是不断挑战自我的过程。太强的挑战会产生巨大的危险，太弱的挑战又称不上挑战，没有提升能力的作用，就如同让大学生去做小学的习题，不管做多少，都不会让成绩有所提高。

山田本一是两届世界马拉松冠军，一个黄种人能够在田径项目上取得成就是非常惊人的。有记者问他是如何成功的，他将其归咎于智慧，而不是体能与耐力，这让记者感到奇怪，为什么呢？

山田本一的训练方式和其他选手不同。他起初没有能力跑完马拉松，于是每次训练的时候都为自己设定一个目标，目标不算太难，但也要超过平时的极限。今天完成了，明天就设定得再远一些。每天比之前跑得更远一点，每天突破极限一点点，日积月累之下，他便具备了跑完全程马拉松的能力。

从山田本一的训练方式可以看出什么样的目标是好目标。首先，目标不能太难实现，要根据实际情况来制定。过难的目标容易让员工产生挫败感，丧失信心，自暴自弃。一口气吃不成胖子，反而可能撑死人。

其次，目标不能太简单。过于简单的目标对成长没有帮助。

目标能轻易完成，员工容易产生怠惰心理，缺乏向前的动力。

最好的目标是那些努力就能达成的目标。如同在高处挂一个宝贝，不能唾手可得，但是跑一跑、跳一跳就能拿到。这样的目标能培养员工的自信，提升员工的能力，更能让员工形成挑战困难的惯性，这种惯性一旦培养成功，团队会受益匪浅。

让目标时时在口，刻刻在心

人们善于遗忘，尤其容易忘记理想和目标，常常因为走得太远而忘记了为什么出发。理想和目标不容易实现，即便再简单的目标，也无法在朝夕之间完成。目标一天不能完成，一个星期不能完成，一个月不能完成……最终难免被遗忘。目标被遗忘，一切努力便前功尽弃。

埃隆·马斯克的成功与他“不忘使命，牢记初心”息息相关。马斯克生在南非、长在南非，从小见多了不同人种之间的冲突，年幼的他对此印象深刻，永生难忘。也是在那个时候，他产生一个想法，人类如果能有更多的资源，有更多的生存空间，是否就能结束纷争，走向和平呢？于是，他开始朝这个方向努力。

如果说一个人赚的钱足够多就代表成功，那么埃隆·马斯克一定是成功的。但是，你如果是个投资者，绝对不会认同埃隆·马斯克获取成功的方式。埃隆·马斯克是PayPal[2]的合伙人，也创立过另一家网络公司，这两家公司为他的成功奠定了基础。但是之后，他一直进行着疯狂冒险。他投资了私人航天业、新能源汽车、太阳能产业，这些产业都不算炙手可热，甚至可以说在马斯克成功之前，这些产业都是不折不扣的赔钱货。马斯克说："我想拯救人类，不是在开玩笑。"他冒着被榨干最后一分钱的风险投资了这些行业，幸好他成功了。SpaceX[3]让普通人去太空旅行成为可能，特斯拉一直处在风口浪尖上，是当下最成功的电动汽车品牌。

如果马斯克没有投资这两个行业，这个世界会少一位冒险家，少一位能够拯救世界的人。马斯克坚持的，不是一个月之前的目标，不是一年之前的目标，也不是十年之前的目标，而是儿时的梦想。十年如一日的牢记，成就了今天的马斯克。

不管对个人还是对团队而言，牢记目标都尤为重要。不管是长期目标还是短期目标，制定之后要想方设法让员工牢记。

人的记忆并不那么可靠，想要时时刻刻牢记一件事情，最好是时时刻刻有所提醒，多次激活直至深刻记忆。在管理中，将目标可视化是常用且有效的手段之一。例如，将目标做成标语放在合适且显眼的位置，最好采用图文结合的方式，因为图

2 PayPal是一个总部位于美国加利福尼亚州的在线支付服务商。

3 美国太空探索技术公司，是一家2002年建立的美国太空运输公司。

像比单纯的文字更直观、生动，更容易被记住。

提醒的方式有很多，可以统一进行，也可以单独进行。某私立学校对教师的能力要求极高，为了监督教师不断进步、达成目标，学校领导采用定期上交教学心得的方式。每个星期，每个教师上交两篇教学笔记，而每个部门的负责人则要对此进行总结，提出哪个教师写得好，哪个教师在教学方面出现了问题。这是一种非常好的提醒方式。

除此之外，很多团队也会采用集体行动的方式来记忆目标，例如集体喊口号、开会谈谈当天的工作心得等。

让员工保持自我怀疑，也能达到牢记目标的目的。在目标完成之前，人们最关心的是距离目标还有多远，进度是快还是慢。距离目标越近，人往往越放松，距离目标越远则越紧张。员工同样如此，目标即将完成，他们往往会松懈下来。了解员工的工作进度，但是不彻底肯定他们的进度，让他们对是否能按时完成目标保持自我怀疑，能让他们维持紧张感，牢记目标。

俗话说，行百里者半九十，愈接近目标，愈要认真对待，否则再接近目标也不过是完成了一半而已。

紧盯黑点，世界就是黑的

眼光是人们常用的一个词，不仅代表人们的审美能力，更代表人们对事情发展的判断能力，对某领域趋势的预测能力。说白了，眼光是人的三观即人生观、价值观、世界观的结合。好眼光能够透过表象看到事物发展的本质，助人找到好目标，糟糕的眼光则会让人产生错误的判断。为团队制定目标时，我们首先要审视自己的眼光。

有人说，你站的高度决定了你能看到什么。眼光也是如此，你的眼光决定了你到底能够看见什么，进而决定你将什么作为目标，并且做出抵达目标的计划。如同在一张巨大的白纸上画一个黑点，如果只盯着黑点，你看见的世界就是黑的，那么你的目标、出发点和想要获得的结果，必然都与这个黑点息息相关；如果你看到整张白纸，你的目标和出发点就会大不相同。

一个关于联合利华公司的故事，脍炙人口。联合利华引进了一条香皂生产线，投入使用后发现这条生产线有个非常致命的缺陷——一些香皂并没有被装进盒子里。这个问题让公司上下发了难：不分拣，会有顾客拿到空盒子；进行分拣，生产成本会大大提高。无奈之下，联合利华找来专业人士帮忙解决问题。这些人花费很长时间和大量金钱，结合当时各种先进技术，终于发明了一台能够正确分拣空香皂盒的机器。

同样的事情也发生在中国南方的一个小镇上，工厂的老板发现这个问题后，号召所有员工想办法。没多久，一个工人拿出了解决方案，他买了一台功率很大的电风扇，对着生产线吹，如果盒子是空的，马上会被吹走。

同样的问题，为什么解决方法迥然不同？外界对这个故事有多种解读，有人认为联合利华的要求较高，南方工厂的要求较低；联合利华要求自动化，要求产品完美无缺，南方工厂则不然……其实这些都不是重点，重点是眼光不同，联合利华和小工厂老板的眼光决定了这件事情的解决方法。

联合利华花费大量人力、物力和财力去解决这个问题，与要求之类的没有多大关系，重要的是这件事情会带来多大利益和帮助，对以后会有怎样的影响。这个新设备不仅可以应用在香皂生产线上，还可以用来解决其他产品生产线上的类似问题。而电风扇只能解决生产香皂的问题，如果是其他包装更轻或者更重的产品，就没办法了。联合利华的方式不仅一劳永逸，还能够申请专利卖给其他公司，也许到最后不仅能将当时的研发费用赚回来，还会有不少进账。

成功者经常有一些令人费解的举动，花费大力气去做一些看上去得不偿失的事情。实际上并非如此，很多时候是普通人的眼光无法达到他们的高度，不能理解他们的行为。

现在网络游戏占据了不少年轻人的闲暇时光，我们不谈玩游戏究竟是好还是坏，只谈网络游戏的运营模式。网络游戏刚刚出现的时候，是按时间收费，想要玩，就要先花钱。网络游戏在中国逐渐普及以后，免费这个概念开始在市场上横行。很多人不明白，免费，商家要如何盈利？网络游戏免费概念的推广者史玉柱给出了答案，2006 年，免费游戏《征途》的出现让世界各大游戏厂商明白，免费的游戏可以比收费的游戏更赚钱。这也让游戏玩家明白，免费的东西可能比收费的东西更加昂贵。

眼光决定目标，为团队制定目标时，不能只看眼前的情况，更不能盲目跟随潮流。首先要考虑目标能否实现，其次要考虑目标是否对团队的成长有帮助，最后要考虑这个目标是否符合未来的发展趋势，对整个团队有怎样的影响。这样制定出的目标具有强大的牵引力，能调动员工的积极性，助力团队更好发展。

不总结的人没有未来，不总结的团队没有希望

达成目标，便是成功，没能达成，则是失败，但无论达成与否，总结都必不可少。总结是对达成目标与否给出的结论，是判断距离目标还有多远的重要标准。

如今华为已经成为国内智能手机的领导者，在世界上也是实力强大的智能手机生产企业，在2018年7月美国《财富》杂志发布的世界500强名单上，华为位列第72。不过，华为的成长不是从智能手机开始的。早在1987年，华为就成立了。成立之初，华为的主要业务是提供信息技术和通信技术的解决方案，是国内同类公司中的佼佼者。但是，这远远满足不了华为的野心，华为的领袖任正非一心想让华为成为世界级别的大公司。

随着公司不断扩大，技术不断进步，华为终于迎来在海外展示自己的机会。2003年，华为高价中标了阿联酋3G工程项目。拿下这个项目后，任正非马上对这项工程进行了总结。他认为，

这种经验非常宝贵，不仅可以让负责项目的工作人员加深对这个项目的认识，更可以让其他海外代表从中获得经验。任正非认为，只有那些善于总结的公司才能存活下去。或许任正非的观点有些武断，但是华为的确依靠不断总结的精神做到了长盛不衰。

如今，和平与发展成为整个世界的主题，但几百年前并非如此，很多国家凭借强大的力量成为了世界主宰，开创了全新的时代。英国就曾成为世界霸主，而这项成就的取得与总结密不可分。

1640 年到 1649 年，英国皇室和贵族不断发生冲突，令人震惊的是，国王查理一世也被送上了断头台。随后，这样的混乱又持续了几十年，直到 1688 年的光荣革命才让英国的政局稳定下来。

几十年的混乱，让英国人厌倦了内战，厌倦了自我消耗。为此，光荣革命爆发了，没有战争，没有任何人死亡，仅仅通过讨论，就将国王赶下了王座，不同见解的人坐下来求同存异，最终达成一个大家都能接受的条件。

英国人吸取以往的经验教训，摸索出了一条不流血的政变方式。经过这次政变，英国确立了君主立宪制，成为近代历史上第一个脱离封建制度的国家。之后，在其他世界强国内斗不休的时候，英国将力量放在海上，成为了当时的世界霸主。

总结的作用远远比人们想象的更大，一个团队想要不断前进，学会总结、养成做总结的习惯必不可少。

总结能够将成功的经验放大，而经验是成功的秘诀之一。有经验的人往往能够把事情做得更好，因为他们成功过，能够更快、更准确地找到合适的方法，走上正确的道路。那些不善于总结经验的人，则白白浪费了好不容易得来的宝贵财富。总结还能让成功的经验被牢记和传递。一个人总结出自己的成功经验后，可以将这些经验传递给另一个人。团队之间同样如此，成功的团队将经验传递给其他团队，其他团队获得成功的概率就会被无限放大。

成功了要总结，失败了更要总结，不是只有达成目标的人才有资格做总结，失败的经验教训往往比成功的经验更加宝贵。成功的经验被总结出来，人们能够从中找到一条似是而非的通往成功的道路。之所以说似是而非，是因为成功的模式可以被借鉴，可以被模仿，却很难复制。失败的模式却不尽然，很多人未能成功，倒下的地方和原因与其他人往往相似。总结自己失败的经验，下一次就能够避开失败；总结他人失败的经验，就知道究竟哪些路无法通向成功。

总结不一定是在已经达成目标或者已经放弃目标的时候进行。做阶段性的总结也十分重要，这有助于团队进行自我审视。不是每个团队都能时刻清楚自己的现状，在一段时间里是否有进步，是否能够完成更加艰难的任务，距离目标到底还有多远，而这些都能通过总结找到答案，例如，在阶段总结中发现距离目标很远，团队就要在下个阶段更加努力；发现在上个阶段中团队能力有显著提升，就要进行二次总结，寻找进步的原因。不断总结是探寻成功经验的重要技巧，没有总结，很难整理出系统性的经验。做阶段性总结时，可以将是否达成目标作为一个阶段，也可以将一个月、一个星期甚至一天作为一个阶段。

任正非认为，每一次总结都是将综合知识进行结晶。如同渔网一样，一次总结会让这张渔网上多一个绳结，总结的次数越多，从中获取的经验和知识越多，渔网上的绳结也就越多。越来越多的绳结，能结出越来越大的渔网，而掌控最大渔网的人，往往能够抓到最多的鱼。

时代在变，市场在变，人在变，目标也要变

目标制定出来后，需要大家全力以赴去执行，且要坚定不移地执行，以实现设定目标的意义，达到预期的效果。不过，对于目标要灵活看待，不可盲目执着。实现目标的进程会受到各种因素影响，比如商业环境的改变、竞争态势的变化、企业管理者的变更，等等，这些可能使团队不得不中断执行，更改目标。

联想集团如今已经是国际知名企业，但在成立之初，柳传志的目标并不远大，他致力于解决中国计算机不能输入汉字的问题。经过联想公司的不断研发，汉卡出现了。汉卡让联想集团在一年期间营业收入达上百万元，这在当时是一件非常了不起的事情。不过，柳传志很快就更改了目标，联想公司的主要业务从研发汉卡转型为电脑代理公司，同时销售汉卡。

随着联想的规模越来越大，柳传志的目标再次发生变化。

他认为，联想已经有资本研发属于自己的个人电脑。得到政府的允许后，联想走上生产个人电脑的道路，成为中国第一家自主研发电脑的公司。2000 年以后，柳传志再次修改目标，将眼光放在更加便携的笔记本电脑上。联想当时并不具备生产笔记本电脑的技术，但是通过收购 IBM[4] 全球个人计算机业务，成功实现了这一目标。柳传志的目标再一次发生转移，是智能手机大潮到来的时候，联想集团通过收购摩托罗拉公司的手机业务获得了全新的渠道、市场和技术。

市场来到哪里，他的目标就转向哪里，坚守阵地是好事，但是契合市场需求才能持续发展。

柳传志的足迹与科技届巨擘史蒂夫·乔布斯何其相似，乔布斯的苹果公司同样以销售个人计算机起家，随后将生产笔记本电脑作为目标，最终转向了智能手机行业，创造出了改变手机行业的 iPhone（苹果手机）。

当更合理、更科学、更符合团队需要和市场需求的目标出现时，切忌死抱着之前的目标不放，即便之前的目标已经取得一定成果，也请果断割舍，这时候改变目标能获得更大的成就。

更改目标能带来很多好处，但盲目更改目标是一件非常危险的事情。很多小团队往往会犯这样的错误，采用拍脑袋的方式决定是否更改目标，而更改目标的原因，有些时候是新闻热

---

4 国际商业机器公司，简称 IBM。

点改变了，有些时候是想使用一些与众不同的方式，还有些时候是突如其来的状况让原本的目标变得不那么合适。不管原因是哪一种，更改目标前都要深思熟虑。某个团队就根据热点变化更改了宣传方式，希望吸引当下年轻人的关注。结果热点的舆论导向迅速发生反转，他们的营销马上变成了吃“人血馒头”，团队成为千夫所指的对象。

那么，如何判断新目标比老目标更正确、更合理呢？

首先，要详细比较前后两个目标的价值。一个团队必须有目标，这个目标或许是为名，或许是为利，或许是其他崇高的理想。不管是哪一类目标，都有其价值。例如，前一个目标可以让团队获得一笔丰厚的收益，后一个目标能让整个团队在圈子里小有名气，那么现阶段实现哪个目标更重要呢？这要根据团队自身情况来决定。只有后来的目标更有价值，才有更换的必要。

其次，对照与参考。这个世界上，绝大多数事情是有规律和先例的。当一个事情需要做出判断和决定时，人们心中往往会立刻出现参照对象，这能够大大提高判断的正确性，加快做决策的速度。判断目标同样如此，即便是那些“前所未有”的目标，也并非没有可参照的对象。与过去同等规模的事情进行对照，是非常稳妥的判断方式，一般不会有太大损失。

再次，要对团队格外了解。这句话说来好笑，哪个管理者不了解自己的团队呢？事实上，这种情况并不鲜见，或许是因为企业内部调整，空降一个新领导到团队；或许是因为团队本身发生过巨大的变化；或许是因为领导主抓管理，忽视了团队的具体业务能力。不管是哪一种原因，对团队没有清晰的认识都是常见的事情。

无锡某软件公司与一些大学有合作关系，是软件专业学生的实习地点。每年 6 月到 8 月的毕业季，该公司会倾向接一些并不繁重的订单，以避免实习学生离开公司造成人手不足的问题。今年 5 月，该公司的主要负责人回老家照顾生病的母亲，总公司便派来一位新负责人。新负责人不完全了解公司的状况，上任不久，就接下了一笔来自日本的大订单。他洋洋得意地将这件事情告诉其他负责人，哪料其他人的脸色顿时阴沉难看起来……结果可想而知，公司在这个时间段没有完成大订单的能力，不得不将一部分工作外包给其他公司。这笔大订单不但没让公司赚到钱，反而亏了不少。

领导可以不参与团队的具体工作，但是要对团队的业务能力有正确的评估。一旦评估有误，可能错过好机会，也可能为团队接下不可能完成的业务，伤害团队士气，对团队声誉造成不良影响。

最后，更改目标要满足团队的需求，获得整个团队的同意。很多中层管理者做决策往往只参照上级的意见，有意或无意地忽略了整个团队的意见，最终做出错误的判断。团队并非领导一个人的，卓越的团队应该是，每个人都能发挥力量，每个人的智慧都能被利用起来，每个人的意见都能被参考。除非领导的个人能力超乎想象，全知全能，否则这个团队不可能总是成功。

另外，领导个人的需求与团队成员往往不一样。领导会比员工更快、更早地获得一些东西，但这不代表领导能够不照顾其他人的需求，不经过其他人同意，只按照自己的需求制定目标。独断专行、自以为是的做法，容易激怒团队成员，让团队分崩离析。

美国某医药公司就出现过这种状况。该公司销售部门的负责人希望利用最后一个季度提升企业影响力，便向教会、慈善机构和一些不发达街区的诊所平价出售药物。这引起团队成员的极大不满，因为最后一个季度的营业额很大程度上决定了他们的年终奖金。果不其然，最后一个季度团队的销售额大幅度下降。但是，这个负责人却受到公司的表扬。在年终会议上，他对团队成员说："在过去的一年中，大家非常努力。可惜的是，最后一个季度公司没有什么利润。因此，大家的奖金泡汤了。不过，我买了一艘新游艇，请你们来玩。"这几句话成为压垮骆驼的最后一根稻草，新年假期结束以后，有一半员工都提出了辞职。

遇见蓝海，容不得半刻迟疑

如今不管是创业还是投资，总离不开一个词——蓝海。蓝海是未知的商业空间，是未知的市场，是没有人涉足的领域。世界上很多团队崛起是因为找到了一片蓝海。

从早年的商业案例中看，甲骨文公司崛起是因为发现了蓝海。甲骨文的创始人拉里·埃里森在一篇论文中发现了关系数据库这片蓝海，一举成功。微软公司取得成功同样是因为发现了蓝海，当时的操作系统是文字形式的，非常不直观，唯一接近图形操作系统的是苹果公司个人计算机上使用的系统。乔布斯离开苹果以后，比尔·盖茨抓住机会，制作了 Windows 操作系统，一举抢占了市场。乔布斯对这件事情一直耿耿于怀，认为如果自己不离开苹果公司，最先创造出图形操作系统的应该是苹果公司，他认为微软的行为是可耻的抄袭。

从近些年的商业市场来看，iPhone 的出现改变了手机行业，于是 iPhone 成为智能手机的代名词，成为了最正统的现代智能手机。也因此，最早一批 iPhone 的用户成为了苹果公司的铁杆粉丝。SpaceX 和特斯拉的成功也是因为发现了蓝海，他们是同时代最先成功的团队，做了旁人没敢做的事情。他们能够在市场上吃肉，后来的模仿者只能喝汤。

遇见蓝海，容不得半刻迟疑。快人一步，能获得更多利益。一片还没开发的市场，如同一座尚未被挖掘的金矿，只要你比别人更快地发现目标，就能够先人一步挖到更多黄金。更多黄金意味着更大的利益，更大的利益能化作更强的动力，让员工前赴后继，发挥出更大的能量。

快人一步，能够开创前所未有的事业。随着年龄的增大，很多人变得越来越现实，一心只想赚钱。但如果你有机会开创一番前人未曾开创过的事业,更有机会名留青史,你会不会热血沸腾?

理想就是动力,如果你先人一步发现一个前所未有的目标，就会有无数人才前赴后继来充实你的团队。特斯拉出现之前，纯电动车只存在于科幻世界中。其首席执行官埃隆·马斯克凭借环保、拯救地球、开创前所未有的未来这些想法，成功构建起了自己的团队。许多斯坦福大学的高材生被他的理想吸引，加入他的团队，甚至不在意薪水有多少，任务有多艰苦。

抢先一步能够显示你的能力。都说男怕入错行,女怕嫁错郎。加入团队，就怕跟错人。一个好领导能够带领团队步步高升，成就伟大的事业。跟错了人呢？即便是同一个公司，同一个部门，也会有截然不同的差距。拿苹果公司来说，乔布斯离开以后，相信团队中有不少人是绝望的。先后几任首席执行官虽然让苹果公司的体量越变越大，但是前景却越来越差。纵使苹果公司的价值膨胀了上百倍，仍然没有什么能够让市场肯定的新产品。公司价值的膨胀只是让股东、董事们赚得盆满钵满，却没给普通员工带来什么实质好处。乔布斯回归之前，在任的首席执行官已经盘算着要卖掉苹果公司，捞一笔就跑。

在团队真正起飞之前，有什么事情能够让员工觉得自己跟对人了呢？先人一步发现一片蓝海是证明领导能力的绝佳方法之一。蒙牛的创始人牛根生创业时，离开伊利投靠他的人前前后后有 400 名之多，主要是因为牛根生在伊利时发现了一片蓝海，伊利的成功他功不可没。1984 年，郑俊怀从上海引进了一套生产雪糕的设备，但他并没有重视这件事情，伊利的雪糕卖得并不好，年利润只有 15 万元。牛根生当时在伊利任职，他认为国内的雪糕市场是一片蓝海，于是承包了雪糕车间，大力发展雪糕市场。短短十年，他让伊利的雪糕销售额从 15 万元变成了 7 亿元，伊利成为了中国冰淇淋市场第一品牌。也正凭借此功劳，牛根生成为了伊利公司的副总裁。

快人一步的目标比那些跟在别人后面的目标更有吸引力。这不仅代表利益，代表理想，更代表领导的个人能力。当你提出一个前所未有的目标时，团队会变得更加团结，爆发出更大的力量。

3 尊重与信任不是别人给的，是你自己“挣”来的

你合格不合格，自己说了不算，员工认可，你才是真正的领袖。

做一个英明的暴君

从古至今，无数英明的领袖、伟大的人物完美地诠释了领导力是什么，一个真正的领导应该怎么做。想要获得领导力，并不困难，有很多前辈可以模仿。但要真正建立属于自己的团队，仅仅靠模仿是不够的，要通过不断学习，将前人的经验变成自己的能力。想要拥有领导力，学会“恩威并施”是重要的一课。

恩威并施，说起来简单，做起来却很难。恩的力度过大，会让员工觉得领导是个老好人，是个很好摆布的人，从此失去敬意。威的力度过大，则会让员工害怕，害怕积累到一定程度，就会崩溃甚至反抗。恩威并施最重要的是把握平衡，恩要让人感激，威不仅要让人有畏，还要有敬。让员工产生敬畏，同时心中有感激，他们才愿意追随你。

乔布斯作为一个卓越的管理者，是恩威并施的典范。工作的时候，他是个不折不扣的暴君。但是，他不会因为一些小事随随便便发火，只有在工作停滞不前的时候才会暴跳如雷。很多员工不喜欢乔布斯，认为他非常刻薄、喜怒无常，但是又不自觉地被他强大的个人魅力吸引。乔布斯的个人魅力来自于他的恩，他在工作之外平易近人，经常突发奇想，带员工去做一些有意思的事情，总是给员工更多福利，让员工看到公司更广阔的前景。

将乔布斯称为暴君的员工数不胜数，但即便在苹果公司最艰难的时候也很少有人因为乔布斯的坏脾气而辞职。乔布斯认为，管理企业最伟大的制度并不是民主，只要你是一个英明的暴君，就能制造出世界上最伟大的产品。他说："首席执行官的职责就是去哄、去威胁你的员工，让他们尽最大努力去完成目标。我会给他们看见，公司的目标比他们想象的更加宏伟，更有价值，这样他们才会付出所有努力。而他们尽力以后，你要告诉他们，做的并不够好，回去努力，到更好的时候再来。"

乔布斯的威是实实在在的威慑，而不是威胁。他的恩看起来不明显，但是所有员工都相信，跟着乔布斯会有更好的前途，有更好的未来。

恩威并施不是喜怒无常，喜怒无常恐怕会被员工当成精神病。不管是恩还是威，都要有理由。事出有因是恩威并施的基本原则。

松下公司的创始人松下幸之助是个怪人，经常表现得"喜怒无常”。他经常会愤怒地训斥犯错的员工，有时候还会拿东西打人。但是，几分钟以后他就会给你一个笑脸，给你关怀，让你切实感受到他在意你的情绪。

一次，松下幸之助的一个下属犯了非常严重的错误，他非常生气，拿起一根金属棍子，一边骂，一边拼命地砸向地板。发完火，他看着脸色发青的下属，将手中的棍子递给他说：“你看，我刚才多生气，连棍子都敲弯了。你能帮我把它弄直吗？”

被大骂一顿的下属不得不接过棍子，几下就扳直了。松下幸之助拿着被扳直的棍子，面露笑容地说：“你的手还是很巧的嘛。”之后，那个下属顶着一头雾水回家了，虽然感到莫名其妙，但愤怒和委屈已经消解了一大半。到家后，他发现妻子准备了一桌美味。他问妻子为什么晚餐如此丰盛，妻子说：“松下先生刚刚亲自来了一趟，说你心情可能不太好，让我做些好吃的给你。”这个时候，愤怒和委屈已经转变成了对松下幸之助的感激。

恩威并施是一种手段，能让你在团队中树立威严，巩固领导地位，但切记不要在恩和威中掺杂私人感情，否则，不管你以后做什么，效果都会大打折扣。

美国国际农机商用公司的老板西洛斯·梅考克是个公私分明的人，他做到了雷霆手段，菩萨心肠。他会不顾一切地维护公司的规章制度，也会在规章制度之外给员工很多帮助。一次，一位与他共患难过的老员工嚣张跋扈地违反了公司制度，酗酒闹事，还顶撞前来处理问题的管理人员。事情捅到梅考克那里，梅考克直接开除了这个老员工。

老员工怒气冲冲地质问梅考克：“当年公司濒临倒闭的时候，是谁不离不弃跟你扭转局势？当年公司负债累累的时候，是谁几个月没拿工资也要帮你？如今因为这么一点小事，你就开除我？”梅考克听完，心平气和地对他说：“你是公司的老员工，公司的规章制度你是知道的。公司取得今天的成绩，也有你的一份力。你忍心破坏我们一手建立起来的制度吗？你应该带头维护公司的制度才对。”

随后，梅考克询问老员工为什么借酒消愁，还乱发脾气。老员工说，他的妻子去世了，祸不单行的是他两个儿子的健康也出了问题。大儿子发生意外摔断了腿，小儿子还是婴儿，因为没有母乳吃身体越来越差。梅考克得知详情，马上拿出一大叠现金放在老员工的手上。老员工惊诧地看着梅考克说：“你决定不开除我了？”梅考克说：“我们是好朋友，怎么能将你逼上绝境。你赶紧回去料理夫人的后事，好好照顾你的两个儿子，不要担心工作。”

梅考克的做法无疑是正确的，不管任何时候，都不能用个人情感取代规章制度。人情是人情，制度是制度。对有困难的员工，从私人角度怎样帮忙都可以，但是不能在规章制度上开后门。

真的能一碗水端平吗？

职务有高下之分，但每个人的人格是对等的。工作的时候，员工听领导的指挥，双方在职务和职责上有所区别，但在工作之外，不能有高下之分，否则容易引发员工不满，导致集体氛围不和谐。

要公平地对待每个团队成员，首先要认识到所有人在人格上是平等的。与员工在人格上保持对等，是对员工最起码的尊重，也能让你更受爱戴。

拿破仑是出色的政治家和军事家，在世界范围内也以伟大征服者的形象大受欢迎。即便英国等有些国家的人不喜欢他，但并不妨碍人们赞颂他的伟大。在拿破仑加冕成为皇帝，名气达到鼎盛的时候，他得意地对自己的秘书布里昂说："布里昂，你有机会跟我一样名垂青史了。"这句话虽然是在称赞布里昂，但是话外的意思却是布里昂沾了他的光。

布里昂听了拿破仑的话很不高兴，反问说："你知道亚历山大大帝的秘书是谁吗？"拿破仑自然回答不出来，他马上就明白，布里昂并没有沾自己的光，也不会跟自己一样名垂青史，他意识到自己说错话了，称赞布里昂说："你这句话说得太好了。"

很多时候领导并没有让团队成员沾光，反而是沾了整个团队的光。一个人的能力有限，能够成就的事业同样有限，领导的伟大是整个团队努力促成的。拿破仑能够成就伟业，与无数士兵、将军和文职官员的努力分不开，但这其中真正能够被人记住的寥寥无几。员工是团队的基石，团队取得的所有成绩、声誉是集体努力的结果，但你不能因为被外界记住和称颂的人只有你一个，就真的认为所有功劳都是自己的，自己比下属更尊贵，用一种高高在上的姿态对待下属。所有人都是平等的，这种平等不会因人的成就和地位产生变化。

人与人之间是平等的，只不过在不同人的眼中，不同的人被赋予了不同的意义，也就出现了差别对待。有些员工能力出众，有些员工人缘好，有些员工和领导私交甚好，这些都会影响领导者的判断。想要保持公正是非常艰难的，正因为其难以做到，做好这一点才凸显出一个人的领导才能。

我们一直在强调公平、倡导公平、歌颂公平，但是凡事都需要有度，都需要有个界限。我们需要的公平不是一种绝对的公平。公平是好事，但绝对的公平不是什么好事。

有两个建筑工人为同一个老板服务，其中一个手艺精湛，又特别勤快，他负责的工作总是能够很快完成。而另一个工人则不同，他非常懒惰，手艺也不好。但是，根据老板的规定，两个人拿的薪水一样多。一天，懒惰的工人对勤快的工人说："你那么拼命干什么，你看我，每天都过得非常轻松，拿的钱也跟你一样多。"那个勤快、手艺又好的人一听，的确是这个道理，于是也开始有样学样，懒惰起来。最终受到损失的人是谁？毫无疑问是老板。

绝对的公平只是表面上的公平，平均主义是妨碍社会进步的。多劳多得、少劳少得、不劳不得，才是真正的公平。

其实，每个领导都了解公平的重要性，都会在某种程度上维持员工之间的公平。只是，由于领导与员工所处的位置不同、视角不同，很多时候领导觉得一碗水端平了，员工却不认同。每个人对于公平都有不同的标准和要求。所以，更多时候团队领导要做的并不是真正的公平，而是要让每个员工感觉公平合理。那些职务更重要、能力更出众、业绩更出色的人，比其他团队成员有资格获得更多资源和回报。这种以工作表现为标准的处理方式更能获得大家的认同，维护团队的公平氛围。

在实际的管理工作中，想要维护集体的公平氛围，只靠领导一个人是十分困难的，还需要借助集体的智慧和力量。

印度信息系统技术有限公司是印度五大公司之一，其负责人是位广受好评的团队领导。他强调公平，致力于将公平的机会给予团队当中的每个成员。他经常评估员工的能力，从不根据印象来判断一个员工是否应该得到奖赏。如果公司要制定一项与全体员工有关的规定，他会号召全体员工进行投票。当大部分员工赞同这项规定的时候，这项规定才会通过。就连面试，他都要确保公平、公正。绝大多数公司对面试过程进行保密，这样就有很多可以暗箱操作的机会。他的面试是绝对公开的，不管是考试过程，还是考试成绩，都不是秘密。

公平，是告诉员工只要努力就有机会的无声话语，是让员工对你心悦诚服的策略，是维护团队秩序的管理法则。保证公平能让每个团队成员活力满满，相信未来。

任何人犯错，都是领导的错

带领团队冲锋陷阵的过程中，不可避免会遇到一个问题：出了问题，谁来承担责任？

在团队内部，谁负责谁担责，但是不管真正的责任人是谁，外人都会有意无意地把责任归咎于这个团队的领导。人们这样想无可非议，甚至可以说合乎情理。因为在团队管理中，任何人犯错误，领导都脱不了干系。领导对团队中的每个人、每件事、每个项目都负有责任，如果员工在任务执行中出现问题，领导就有监督不力之责；如果员工在品行方面出现问题，领导则有用人失察失误之责，等等。

2017 年 8 月，餐饮服务行业的标杆海底捞被曝出，两家分店后厨暗藏老鼠、用漏勺掏下水道等多项卫生安全问题。随后，海底捞发布了事件处理通报，承认问题属实，并发布了整改措施。这次危机公关堪称“完美”。其中值得关注的是，在事件处理通报中，海底捞的管理层专门安抚了涉事员工，“你们只需按照制度要求进行整改并承担相应的责任，该类事件的发生，更多是公司深层次的管理问题，主要责任由公司董事会承担。”管理层如此勇于承担责任，海底捞的员工工作积极性高、归属感强、流动率低，也就不足为奇了。

问题既然已经出现了，在尽力解决和弥补的同时，领导者不如勇敢地把责任扛起来，这也是一次难得的赢取人心的机会。

小江在某物流公司工作多年，从一个新人逐渐成长为可以独当一面的“老人”。他的顶头上司年纪不小了，听说今年有调回老家的意愿。这件事情让小江非常开心，老上司调走，这个位置很可能是他的。

几个月后，老上司如愿回了老家，小江却没有坐上这个位置，上面直接空降了一个领导。新上司姓苏，同事们都叫他老苏。团队中没有人喜欢老苏，小江也不喜欢。倒不是因为小江没有升职，而是老苏的脾气实在太坏，动不动就对员工破口大骂。老苏来了以后，团队气氛非常压抑，每个人工作的时候都板着脸。他不知道老苏以前是怎么工作的，有什么资格突然空降，抢了自己的位子。几天以后，一件事情让小江解开了疑惑。

小江和几个老同事没把老苏当领导，有什么事情，几个人商量一下就决定了，根本不告诉老苏，而且只要有给老苏“上眼药”的机会，他们就不会错过。这一次也不例外，小江和几个同事接了个大生意，从南到北运输一大批货，没什么难度。

只要能够顺利到达，钱就到手了。结果，事情不像他们想的那么简单。由于错估了货物的体积，原本计划的运力根本不够，这笔生意不算人力才能收回成本，算上人力，还赔了钱。地区负责人得知这件事情，怒气冲冲地找上门来问责。

小江被地区负责人严厉斥责的时候，已经做好被老苏落井下石的准备，毕竟这段时间，他们没少给老苏“上眼药”，更没把老苏当成同事。结果没想到，老苏暴跳起来，对那位负责人说：“你什么态度，我们分部有错，我是领导，我会给你个交待。如果出了什么问题，你来找我……”

小江不敢相信自己的耳朵，老苏居然把这件事扛了下来。在这一瞬间，他恍惚了，怀疑自己是否真的认识老苏。老苏把区域负责人送走以后，召开了团队会议。他没有任何改变，没有任何想要收买人心的意思，仍然破口大骂。但是，这次训斥在小江耳中已经是另外一个意思了。

从那天开始，小江和那几个同事彻底承认了老苏的地位，也和老苏热络起来。他们发现老苏骂人是一种习惯，并不是针对他们，也不是傲慢的表现。之后，老苏骂得对，小江就嬉皮笑脸地听着，骂得不对，小江就跟他争得面红耳赤。这个时候，团队已经坚不可摧了。

背黑锅的事情在职场中十分常见，但是下属替领导背黑锅的时候远远比领导替下属背黑锅的时候多。员工害怕领导给自己穿小鞋，即便替领导背了黑锅，也敢怒不敢言。事实上，将错误推给下属，就能让别人认为自己没有责任吗？不可能，团队中任何一个人犯错，都是管理者的错，即便下属替你背了黑锅，逃过了口头上的问责，你给上级留下的印象也不会好，反而变得更差。坦诚地承认错误，也许会给上级留下一个敢作敢当的好印象。

爱护下属，应该是领导的本能。领导本身占有更多资源，自然要承担更多责任。更何况，同样的错误，落在团队领导身上和落在下属身上，受到的惩罚往往不是一个量级的。团队领导犯错，可能只受到口头惩罚，小惩大诫，而落在普通员工身上，他有可能因此失去工作。

帮下属背黑锅，同样是领导力的体现。试想一下，有好事第一个冲上去，把所有功劳拦在身上，有坏事就推给下属，把责任撇得一干二净的人，谁愿意为他卖命？这种管理者在职场上也许能晋升到不错的职位，但这种成功是暂时的，他永远无法得到员工的信任和尊重，长此以往甚至会在行业内臭名远扬，职业生涯受到严重影响。

功臣朝不保夕，谁还敢为你卖命

敬老是中华民族的传统美德，老人在年轻的时候为社会和国家贡献了自己的力量，年老以后理应获得供养。世界上任何一个国家，都非常重视养老问题，如果老年人的生活得不到保障，年轻人会怎么想？他们还有信心为国家和社会贡献自己的力量吗？

团队管理也是如此，功臣会逐渐老去，他们的思想有可能跟不上时代发展，精力也会大不如前，但是这些都不能抹杀他们过去的功劳。即便他们的位置将让给更有能力、更有精力的年轻人，也不代表他们没有价值了。他们还拥有丰富的经验，可以应对危机，可以让新人更快地融入团队，找到自己在团队中的位置。如果功臣不能得到善待，新人一定不会将这个团队作为长期奋斗的地方。

一个渔民饲养了一群鱼鹰为他捕鱼。这些鱼鹰每天辛勤地工作，让渔民的生活变得越来越好。但是，鱼鹰的寿命很短，很快就老去了。它们的动作不再敏捷，飞行的速度越来越慢，渐渐地抓不到什么鱼了。渔民想要维持之前的优越生活，就从市场上购买了一批年轻的鱼鹰。

年轻的鱼鹰很快就从老鱼鹰身上学会了怎样捕鱼，它们的技术越来越好，捕到的鱼也越来越多，渔民又过上了富足的生活。年老的鱼鹰对渔民来说已经没有利用价值，他将老鱼鹰生活的地方给了新鱼鹰，并且每天只给老鱼鹰很少的食物。老鱼鹰们挨饿受冻，没过多长时间就变得精神萎靡，饿得瘦骨嶙峋。

新鱼鹰渐渐懒散起来，一段时间以后，新鱼鹰开始拒绝工作，整天待在船头整理羽毛，不肯下水捕鱼。渔民很纳闷，问："我把最好的条件给了你们，为什么你们不肯工作呢？"新鱼鹰说："我们现在每天有好吃的食物，有温暖的住所，无非是因为我们现在还年轻。等我们老去，那些老鱼鹰的待遇不就是我们的下场吗？"

没有人是傻子，看到曾经为你创造利益、助你成就事业的人遭到不公的对待，他们自然会做出利己的选择，要么就此离开团队，要么拿团队当跳板，一旦有更好的去处，便毫不犹豫地离开。对于任何行业来说，人才都非常重要，而费尽心力培养的人才白白流失是最可怕的。

老员工理应得到重视和善待，但是有些老员工确实跟不上团队的发展节奏，怎么办？其实安置老员工并不是什么难题，老员工也有其价值。

首先，老员工拥有非常丰富的经验。经验的重要程度对于一个团队来说是难以想象的，那些经验匮乏的团队比任何团队都有深刻的体会，团队里没有几个经验丰富的老员工，团队会犯更多错误，走更多弯路。特别是经历过团队发展的高峰和低谷的老员工，不管遇到什么问题，他们总能根据自己丰富的经验给出对策和建议。家有一老，如有一宝，正是这个道理。

体育场是年轻人的战场，但是任何体育赛事中都能够看见老将的身影。NBA[5]球队中必有一两个老将，有他们坐镇，年轻人才能在激烈的比赛中稳住心态，保证更衣室的气氛和谐。特别是有季后赛经历和总决赛经历的老将，更是难得的珍宝，他们的作用是教练无法取代的。足球运动同样如此，虽然老将不如年轻小将们体力好、速度快，但是丰富的比赛经验能够让他们在上场的时间里将能力发挥到极致，在某些特定的场合甚至有扭转乾坤的作用。除了团队赛，个人赛也离不开老将，拿奥运会来说，每个项目中总有几位老将压阵，即便不能上场，也能帮助年轻人消除紧张感，让他们以最饱满的热情投入比赛。

其次，以老带新是老员工发挥余热的方式之一。人很容易受环境影响，尤其是进入新环境，很多人容易紧张、手足无措。刚刚步入职场的年轻人，没有工作经验，生活节奏也发生了变化，常常不能很快融入团队。而老员工能够帮助新人快速适应新环境，找到工作节奏。什么时候应该做什么；什么时候不该

---

5 National Basketball Association，美国职业篮球联赛，简称NBA。

做什么；什么时候应该养精蓄锐；什么时候应该全力以赴……都是老员工几十年来总结出的经验。将这些经验传授给新人，新人的成长速度会更快。

沃伦·巴菲特在中国被称为“股神”，在美国被称为“先知”。他声名鹊起后，无数人想从他口中得知一些消息，以便能够从股市中淘金。但是，很少有人知道巴菲特是如何成长起来的。巴菲特对金钱非常敏感，有着过人的头脑和毅力，这些都是成功的基础，但是鲜有人知道，巴菲特的炒股技巧源于他的老师本杰明·格雷厄姆。

巴菲特并非料事如神，更没有火眼金睛，只是他关注股票的方式和一般人不一样。他数十年如一日地关注股市上各大公司的财务报表，分析这些公司的发展前景。简而言之，他并不关心股市大盘到底怎么样，而是更加关注每支股票背后的力量。这种炒股方式并非他独创，而是来自本杰明·格雷厄姆。格雷厄姆在1934年出版了《有价证券分析》一书，该书强调股票背后的价值对于股票的影响。格雷厄姆的想法彻底改变了巴菲特，过去巴菲特对于股票的认知和普通人一样，觉得这是一场庄家与投资者的思想博弈，而通过在格雷厄姆身边系统学习，他才开始去了解股票背后的公司究竟价值如何。这才有了今日的巴菲特。

再次，老员工在行业内有丰富的人脉。人脉是一种宝贵的财富，是一个人能够拥有的强大资本。拥有足够的人脉，你想做什么事情，总能轻而易举地找到合适的人，你也更容易成就一番事业。

某美容院的老板忽视了人脉的力量，老员工助他成就事业，也亲手拆了他们筑起的高楼。这个老板经常从国外引进一些美容保健品来销售，这些产品在国外口碑不错，在国内却鲜有人知。为了打开市场，广开销路，他鼓励员工们帮他推销，给予高额提成。重赏之下，必有勇夫，员工们卖力地跑业务，没几年，这几种保健品就在中国打开了市场，变成家喻户晓的产品。

老板认为，渠道已经建成，没有这些老员工，也不会影响销售。过去保健品的销量虽好，但赚的钱不多，这些员工拿走的提成多到让他心疼。于是，他大幅降低了员工的销售提成。几天以后，大批老员工陆续辞职。老板有恃无恐，认为团队早该换血了，招些年轻的员工会让团队更有活力。哪料没多久，保健品的销量大幅下降。市场的确打开了，但是卖同类保健品的人也多了，市场竞争激烈，老员工们走的时候带走了大部分客户，老板想要继续卖这几种保健品，只能重新开发渠道。

最后，老员工普遍有过硬的心理素质。泰山崩于前而不惊，是强大心理素质的表现。很多老员工工作多年以后，便能做到这一点。这不是通过经验和知识的传授能获得的，而是通过长期的工作积累，有充足的人生阅历以后产生的一种状态，能做到这一点的年轻人凤毛麟角。一旦遇到重大危机，如果团队里有几个老员工坐镇，劫难会更容易渡过去。

老员工不仅为团队创造了辉煌的过去，还会影响团队的未来，请善待他们吧。

身先士卒，才能一呼百应

古代的将军，即便不擅长作战，也会在别的地方为士兵做出表率，这样做，士兵才会信任他，愿意跟随他在战场上勇猛杀敌。如果一个人拥有举世无双的本领，却凡事缩在后面，那么他有没有本领又有什么区别呢？团队管理也是如此，任何一个团队想开创一番事业，都要有一个身先士卒的领导。

21世纪，硅谷孕育了无数伟大的团队，特斯拉、脸书、亚马逊、苹果、英特尔、谷歌……这些名字如雷贯耳，他们的领袖同样家喻户晓。不管是在科技爱好者中还是在企业家群体中，这些卓越的领导都是人们茶余饭后的关注点。这些人不管是从精神上还是从能力上，都能作为整个团队的标杆。史蒂夫·乔布斯每天4点钟起床，开始一天的工作。埃隆·马斯克几乎没有闲下来的时候，忙碌的时候一天要工作20个小时，睡在公司、工厂对他来说已经习以为常。扎克伯格创建脸书的时候经常几天不眠不休，每15分钟设定一个闹钟，以对照计划执行的程度，从不浪费一点时间。如果我是乔布斯、马斯克或扎克伯格的员工，有一个恨不得每分钟都在工作的老板，我有什么理由怠惰呢？

一个优秀的团队除了有强大的技能，还要有强大的精神。在加班变得习以为常的现代社会，一个团队如果能让员工在加班的时候毫无怨言，不是其强大的体现吗？上行下效，领导做出的表率作用是显而易见的，如果领导非常懒散，这个团队的精神面貌可想而知。当你觉得团队过于懒散，应该先从自身找找原因。对团队影响最大，能够最快改变一个团队的习惯和精神面貌的人是团队领导。

领导的重要性不仅体现在表率作用上，更重要的是拥有冲锋破局的能力。领导永远是团队里站在最前面的人，遭遇困难，领导要第一个冲上去，负责做最艰难的决定。领导不是一个称谓，更意味着一份沉甸甸的责任。

任正非一手创立了华为集团，如今华为已经成为世界500强企业，谁能想到刚刚创立的时候华为的注册资金只有2万元。华为的团队是狼性团队，任正非是华为的“头狼”。任正非做“头狼”非常尽职，不管是过去还是现在，他总是冲锋在第一线，不怕任何危险，也不觉得自己的生命比别人更宝贵。

华为的团队在阿富汗施工时，任正非亲自来到施工现场。要知道，阿富汗当时正值战乱时期，任正非作为一个大公司的领导出现在这里，让很多人惊讶不已。然而，这已经不是他第一次这样做了。不管是环境恶劣、瘟疫横行的尼泊尔，还是局势紧张、战争一触即发的中东地区，又或者是随时会开战的利比亚，只要那里有华为的团队，任正非就会出现在那里。用任正非自己的话来说：“我只要还能飞动，不管你们在多么艰苦的地方，我都会来看望你们。如果我都贪生怕死，又凭什么要求你们在第一线艰苦奋斗？”

20 世纪 90 年代，在华为最艰难的时候，任正非做出了一个当时很多人难以理解的决定，将大量资金投入到技术研发中。很多圈内人笑话他，好好的钱不赚，非要将大量资金投入到很难看到回报的研发中去。但任正非坚持这样做，甚至将“按销售额的 10% 拨付研发经费，有必要且可能时还将加大拨付的比例”写进了《华为基本法》。在任正非的带领下，公司将研发当成一件大事，并且公司上下都认同了任正非的思想：华为如果不进行技术创新就没有未来，就不能生存。“头狼”任正非让华为成为世界顶级通信设备供应商。

只有那些身先士卒的人，才可能成为真正的领导，才能在喊出“跟我上”的时候有无数人愿意跟随他冲锋陷阵。

承诺不是“画大饼”

古时候，一个国家最大的领袖是皇帝。如今，人们仍然热衷于探寻古代皇帝的生活，还根据种种史料创作出了大量脍炙人口的故事。这些故事里有很多聪明的大臣，如刘墉、纪晓岚等，他们可以用智慧诱导皇帝说出自己想要的话，进而达到自己的目的。他们能够这样做的主要原因是，皇帝金口玉言，说出的话就是圣旨，不能随意更改。

皇帝之所以要金口玉言，除了为坐实天子的身份，展示权威，更是因为皇帝是一个巨大团队的领导，必须信守承诺。

1984 年，张瑞敏出任海尔集团前身青岛电冰箱总厂的厂长，准备大展拳脚。这个时候工厂刚刚引进一条德国最先进的冰箱生产线，张瑞敏认为工厂的前景很好。但是没过多久，有人反映，他们生产的冰箱有问题，故障率很高。听闻此事，张瑞敏当下就告诉所有工人，再出现有故障的冰箱，全都砸了。

20 世纪 80 年代，集体企业的工人是吃大锅饭的，他们对产品的质量并不在乎，加之那时候冰箱、电视等家用电器是紧俏商品，价格昂贵，并不愁销路。没有人把张瑞敏的话当成一回事，毕竟以前都是这么做的，而且冰箱那么贵，他真的舍得砸吗？

就在大家渐渐淡忘这件事的时候，张瑞敏的一个朋友从他们工厂购买了一台冰箱，拉回家后发现是坏的，换了一台新的，结果还是有故障。张瑞敏勃然大怒，命令工人检查库房里存放的 400 多台冰箱，结果有故障的冰箱居然多达 76 台。张瑞敏马上召开全员大会，询问大家如何处理这些故障冰箱。

工人们七嘴八舌地讨论起来。当时一台冰箱的售价是 800 元人民币，而工人一个月的薪水还不到 100 元，很多工人一年的薪水都不够买一台冰箱。工人们给出最多的回答是，按照惯例，有缺陷的产品可以降价卖给员工，既回收一些成本，又可以充当员工福利。

听了工人们的提议，张瑞敏严肃地说：“这些冰箱是有缺陷的，是残次品。如果今天我允许你们内部购买这 76 台冰箱，将来你们就会生产出 760 台有故障的冰箱。我之前说过，要把有故障的冰箱砸掉。谁制造了这些冰箱，谁就来砸。”说完，他第一个砸烂了一台冰箱。价格高昂的冰箱被砸烂了，很多员工心疼不已，甚至还有些人流下了眼泪。但从此以后，员工们明白了，有缺陷的产品不能销售，不管是卖给谁，不管问题有多大。

很多时候信守承诺并不容易，就如同张瑞敏做出的决定一样，76 台冰箱的价值在当时可以说是一笔巨款，相信他亲手砸下第一锤时也一定是心痛的。但是，如果他不信守承诺，海尔可能永远也不会朝着国际一流电器供应商转变，他今后下达的命令和任务，也都难以实施。

答应的事就要想方设法做到，如果不能做到，就万万不能答应。有时候你认为不重要的事情，有时候你认为是为整个团队好，但其他人未必这么认为。一旦违背许下的承诺，难免受到惩罚。

任志刚是一家广告公司的负责人，才接手现在的团队。他刚刚从员工变成领导，踌躇满志地想要做一番事业。没多久，他的团队接到一个大生意，美中不足的是时间紧迫，如果不加班加点，不可能完成，对方也是看到他们团队有按时完成的实力才找到他的。任志刚为了鼓励员工加快进度，按时完成任务，在一次午休的时候对大家说："我知道这次的工作比较辛苦，如果能够按时完成，我肯定不会亏待大家，不仅有加班费和奖金，还会组织大家去海南旅游。到时候希望大家都来。"说完，办公室的年轻人欢呼起来。

任志刚许下的承诺明显起到了激励作用，每个人都毫无怨言地加班加点，终于在客户要求的时间之内完成了工作。刚刚上任就有这样的成绩，任志刚非常满意。在他志得意满的时候，员工们翘首以待，等着去海南旅游。任志刚告诉大家，正在准备，月底就能成行。

眼看就到月底了，上一次合作的客户因为对上次的合作十分满意，又拿来了一个非常紧急的单子。任志刚不愿意错过大好机会，就告诉大家，旅游的事情暂且推后，先完成这个单子，只要还能像上次一样按时完成，奖金一定会让大家满意，旅游的事情也一定会兑现。这时候有团队成员略微有些不满，问任志刚如果完成以后再有单子怎么办，任志刚笃定地表示，再有单子也不接了，旅游回来再说。

果不其然，这个单子刚刚结束，又有了新单子。任志刚非常高兴，如果能一直这样，恐怕到不了年底他就能升职加薪了。于是，他召集所有人开会，表示旅游太浪费时间，大家不如趁年轻加把劲儿，多赚点钱，他会把旅游的开销多加一些折成现金发给大家。不过，即便发了奖金，也没有人愿意相信任志刚了。面对依旧紧张的工作，很多人没有了干劲，消极怠工，没能按照客户的要求完成任务。

故意欺骗绝对不能有。很多小团队缺少人才，而大型团队的招聘现场却人满为患。这不仅是因为大企业有更好的待遇，有更完善的规则，更是因为大企业的规则能够保证领导兑现承诺。很多小团队的领导擅长并且喜欢“画大饼”，他们没有能力或不愿意给员工任何实质性的好处，总是用“我不会亏待你”“咱们一起成长”“等团队做大了我一定……”这种话代替应该给员工的奖励。这种话说一两次还有人相信，说得多了，就没人相信了。这和说谎没有什么区别。狼来了的故事每个人都听过，到时候，所谓的团队领导不过是个光杆司令。

不过，我相信大多数管理者都不愿意做一个食言失信之人，不会故意不遵守承诺，食言更多时候是有原因的。

第一，错误估计自己的能力。人最难看清的是自己，高估或者低估自己的能力非常常见。古代的圣人都要一日三省，三省过后还会惴惴不安，生怕估计错了自身的情况。领导错估自身的情况不可避免，一旦因此对团队造成损失，解决方案是真诚道歉，尽力弥补。真诚是化解人与人之间隔阂的最佳态度。真诚地道歉，同时提出解决问题的方案，相信团队中的每个人都愿意原谅你的过失。

第二，对团队能力、市场行情的认识偏差。与错误估计自己的能力相比，对团队能力、市场情况、行业发展趋势等认识不清，是一个领导不应该犯的错误，这是一个领导必修的重要功课。其中每一项出现偏差，都会为团队带来巨大损失。

要避免认识上的偏差，就要牢牢记住“稳字诀”。除非十拿九稳，否则不要贸然行事。好大喜功，贪功冒进，只会带领团队走进深渊。

第三，天灾人祸等不可抗力因素。俗话说，人倒霉的时候喝凉水都塞牙。喝凉水不可能真的塞牙，但是天灾人祸难以避免，谁也不知道天上究竟哪片云会下雨。在履行承诺的过程中，一旦遇到不可抗力的情况，难免会食言。例如，说好月底团队一起出国旅游，但是目的地城市突发地震和海啸，出行只得作罢。

不可抗力因素导致的食言，解决的方法无非是“补”，补救和补偿。问题出现后，领导应该马上行动起来，进行补救，尽量避免食言，或者将影响降到最低。如果事情不可挽回，无法补救，那么请记得给团队成员补偿。

不要只顾着催人前行，却把自己落下了

网络上有很多关于产品经理的笑话，讽刺产品经理光说不练。不过有些人真的认为，产品经理只需要有成功的经验、良好的市场嗅觉和强大的逻辑思维能力，不需要懂技术。真的是这样吗？举个例子，我有良好的市场嗅觉，认为如果研制出一款手表那么大，可以利用空气作为介质进行投影的手机肯定会热卖。这个观点没错，但是告诉技术人员怕是要被打死，因为这用当今的技术很难实现。不管是成功的经验还是敏锐的市场嗅觉，都无法让一个不懂技术的人判断一个功能能不能实现。

前面说了这么多，主要是为了阐明一个观点，即领导一个团队，绝对不能光说不练。光说不练对一个人的领导力有非常大的损害，会给员工留下非常糟糕的印象。

光说不练往往说明能力不过关。要让下属对你心服口服，首先你要有能力，谁愿意跟随一个什么都不如自己的人呢？况且，

你作为领导如果什么都不如下属，被取而代之是早晚的事情。

光说不练有时候不仅是能力上的问题，更是态度上的问题。领导在员工遇到困难的时候，理应伸出援手。这不是要求领导必须精通团队中的每项工作，但是不能帮忙，就不要耍嘴皮子，夸夸其谈却不干实事，只会令员工反感。网络上一度流行一个扫地僧的段子，扫地僧之所以让人佩服，是因为他不起眼的外表下隐藏着非常强大的能力和该出手时就出手的态度。

要问如今世界上最顶尖的企业在哪里，人们首先想到的就是美国硅谷。随着互联网的兴起，硅谷诞生了一个又一个奇迹，知名企业数不胜数，人们熟悉的苹果、亚马逊、谷歌、微软、英特尔、脸书、特斯拉等，要么从硅谷起家，要么与硅谷有千丝万缕的联系。除此之外，这些公司还有什么共同点呢？他们的领袖有非常强大的能力，能说会练。

苹果公司的创始人乔布斯是企业家，还是发明家。在中国很少有人使用电脑的时候，乔布斯已经和他的合作伙伴推出了苹果一号电脑。如今苹果公司的领导蒂姆·库克，同样不是对技术一无所知的人，他除了是杜克大学的企业管理硕士，还在奥本大学学习过工业工程，并且拿到了学位证。

亚马逊的创始人杰夫·贝佐斯毕业于普林斯顿大学，拥有电气工程和计算机科学双学位。谷歌公司的两位领袖拉里·佩奇和谢尔盖·布林是斯坦福大学计算机科学系的同学。脸书的创始人扎克伯格、微软的创始人比尔·盖茨，更是从小就有计算机天才的美誉，是靠技术吃饭的。

不管出于什么原因，是能力不足还是不想亲自去做，光说不练都令人厌恶。即便你没有亲自上阵的能力，也一定要懂，否则容易错误估计团队的力量，也不能让员工信服。特别是在大家讨论技术的时候，你作为领导如果插不上话，就有种游离在团队之外的感觉。当年埃隆·马斯克准备建立一家太空运输公司的时候，系统地学习了大量有关航天物理学的知识，阅读了许多专业书籍。在SpaceX获得成功之前，他还经常亲自上阵参与实验。

事实上，很多领导是在多年以后变得光说不练的，这不是因为他们原本能力不足，而是能力增长无法满足时代发展的需要。互联网时代是中国乃至全世界变化最快的时代，在这个时代，个人能力如逆水行舟，不进则退。要适应和跟上时代发展的节奏，唯一的办法是不断学习，不断接受新事物、新观念，学习新技术。

很多人的错误在于，一味地逼迫员工努力、进步，却把自己落下了。作为企业和团队的领头人，你永远是站在队伍最前方的人，只有你跑得足够快，才能带领身后的员工尽情驰骋。如果你跑不快，甚至落到了队伍的后面，失去领导的团队便失去了前进的方向。

真正优秀的管理者只会高喊“跟我来”，而不是“你们上”。你必须不断进步，不断提升自我，要比所有员工更加努力。

4 没有解决不了的问题，只有不会沟通的人

沟通是执行力的保证，缺少沟通，执行会受阻，甚至变形。

沟通的目的到底是什么

在提升领导力的学习中，沟通是绕不过去的重要课题。如果把团队比作一台机器，沟通能保障机器正常、高效地运转。达成共识是沟通的首要目的，只有达成共识，整个团队才能心往一处想、劲往一处使，不会因为分歧降低团队效率，影响发展。

很多人认识埃隆·马斯克是从特斯拉和SpaceX开始的，但实际上让他声名鹊起的不是这两家公司，而是PayPal。PayPal是世界上第一个电子支付工具，马斯克做过PayPal的首席执行官，但是PayPal在他在任期间表现并不算好。PayPal是由两家公司合并的，其中一家是埃隆·马斯克一手打造的电子支付公司X.com。PayPal的创始人除了埃隆·马斯克之外，还有后来成为硅谷投资教父的彼得·蒂尔，以及后来成为美国最大点评网站Yelp的领袖麦克斯·列夫金。这个团队如今看起来光芒四射，每个创始人都头顶天才、精英的光环，但当时他们的公司运营得并不好。

马斯克、蒂尔和列夫金三个人的关系并不融洽，意见也各不相同。当时 PayPal 前景大好，注册用户数量惊人，将所有竞争对手远远甩在身后，但是公司却在赔钱。埃隆·马斯克焦头烂额，一边是公司不断亏钱，一边是和其他两个创始人闹得一地鸡毛。这种糟糕的情况以一场政变终结了。马斯克度蜜月的时候，蒂尔取代他成为 CEO，马斯克失去了所有权力，公司里只有一种声音。直到这个时候，PayPal 的情况才开始好转。但是，三个人始终不能达成共识，即便暂时妥协，人心也早就散了。于是，当 eBay[6] 提出收购 PayPal 时，三个人不约而同地选择放弃 PayPal，各奔东西。

沟通不畅，团队内部不能达成共识，即便一群天才聚在一起，也很难无往不利。离开 PayPal 以后，马斯克投资、创建了特斯拉和 SpaceX 这两家硅谷风头最盛的公司；彼得·蒂尔将股票套现后，进入基金领域，利用敏锐的眼光进行投资，短短几年间，5500 万美元变成了 70 亿美元。就连唐纳德·川普能够成为美国总统，都有他在背后推波助澜。当时团队中不起眼的几个人也做出了惊人的成绩，雷德·霍夫曼创办的领英是可以和脸书扳手腕的强大社交网站；鲁洛夫·伯塔成为世界顶级投资公司红杉的一员；当时的产品经理陈士骏开创了世界上最大的视频

---

6 eBay，创立于 1995 年，是一个买卖物品的线上拍卖及购物网站。

网站 Youtube（优兔）。一个天赋满满的团队，一个拥有无数响当当名字的团队，每个人都能独挡一面，放在一起偏偏做不好一件事情。

全员无法达成共识，团队内部很容易出现矛盾，甚至陷入混乱。但是，达成共识这四个字做起来并不简单，很多人对达成共识有误解。

达成共识并不是要求别人不说话。共识是在充分沟通以后达成的，而不是领导一个人拍板决定的。很多人误以为达成共识是团队中只有自己一个人的声音，这样有助于提高团队执行力。或许在短期内，团队的执行力会提升，但这对领导的个人能力要求非常高，你只有拥有无与伦比的才能，并且将这种状态长期保持下去，团队才可能持续良性发展。如果你认为自己不具备独步天下的能力，请广开言路，虚心纳谏，通过沟通达成共识。

每个人都是独立的个体，有独立的思想，即便你是领导，也做不到控制一个人的思想。更何况，没有从来不犯错的领导，没有将方方面面大事小情都想到的领导。你想不到、想不通的地方，有下属提出建议和意见，难道不是令人愉悦和庆幸的事情吗？箭牌口香糖的首席执行官威廉·洛里非常忌讳团队中只有一种声音，他认为，下属不管不顾地跟上级保持一致，说明他根本不在乎团队变成什么样。

一次，洛里在开会的时候提出一个决策，询问其他与会人员的看法，结果没有任何一个人有异议。洛里当即表示，今天会议上说的内容全部无效，希望明天能有一些不同意见，只有这样才能判断这个决策是否正确。

领导说什么话员工马上表示同意，往往说明员工不敢或不愿意提意见。有的员工怕提意见会得罪领导；有的员工之前提过意见被拒绝了，便不敢再提；有的员工则不愿意为团队动脑筋，不在乎团队的发展。所以，当团队中只有你一个人的声音时，你不该洋洋自得，而是警觉起来。

有人提出不同意见，你要想办法让双方在思想上达成一致，即便不能达成一致，也要求同存异，寻找一个大家都能接受的、折中的解决方案。沟通不是为了打压对方，不是为了给对方难堪，更不是为了展现自己的才华。忘记初衷的沟通，不如不沟通。

沟通不畅，执行走样

沟通不畅，会导致各种问题，例如上面下达的命令到下面走样，下面汇报的内容上面听不懂。不管是哪种情况，都会让信息传达出现偏差，到执行阶段会发生进一步偏差，最后得到的结果与之前制定的计划截然不同。

一个在媒体行业工作的朋友跟我说起过他大学毕业时经历的事情。那年，朋友刚刚大学毕业，到一家杂志社应聘，入职以后才发现，这家杂志社不是专门制作发行杂志的，而是一家文化传媒公司，主要业务是承办活动。杂志是刚刚兴办的，要免费发放到各酒店、商场，以刊登广告创造收益。朋友入职的时候，杂志的负责人是一个年纪与他相仿的女孩。这个女孩很有想法，希望打造一本关于本地文化、饮食、旅游等内容的综合杂志，符合新兴媒体的特点。几个月以后，女孩离职去北京打拼，朋友作为杂志社最出色的一员，接替了她的位置。

这个时候，他已经连续办了几个月杂志，对于杂志需要什么内容，他胸有成竹。而当老板找到他的时候，他突然迷茫了。老板告诉他，当地是革命圣地，有非常浓厚的革命氛围，描写军旅文化和革命传统的内容很受欢迎，希望他能够专注这方面的内容，将杂志朝着这个方向改进。朋友马上对杂志进行大刀阔斧的改革，将内容方向调整为介绍国际军事等，并且封面设计得既新潮，又有革命气息。至今说起那个封面，他仍然非常得意。

他做了几个月，仍然没有让老板满意，同时觉得在这个杂志社没什么前途，决定另谋高就。他当时不明白，为什么按照老板的想法进行了改革，老板却始终不满意。

多年以后，朋友已经在媒体界颇有人脉，取得了一定的成绩。再一次来到这个杂志社的所在地，故地重游见了很多老朋友，朋友为他介绍了不少当地相关行业的从业者。直到那时候，他才知道，老板当初让他做的杂志叫旧闻杂志，他当初绞尽脑汁想的内容、精心设计的封面，都跟老板想象的相去甚远。

听完这个故事，我心中涌起一股啼笑皆非的感觉。朋友作为部门负责人，居然在几个月里都没有彻底明白上级想要的究竟是什么，而一个老板居然不知道自己心心念念想要的东西的学名是什么，也不能形容得非常清楚，难怪这本杂志始终做不好。

这并非个案，而是生活中每天都在发生的事情。沟通不畅，难免会出现这样的问题，可见沟通对一个团队来说多么重要。

在团队协作中，一句话、一个词，甚至一个字表达不准确，执行的时候都可能有天差地别的结果。很多团队在沟通过程中容易出现以下问题：

第一，叙述问题不详细。说话不全如钝刀杀人，这句话经常用来形容一个人说话总是说一半，听者特别难受，急切地想知道另外一半是什么。这句话在团队沟通中是另外一个意思：一个人如果没有将信息传递得非常详细、到位，听者执行的时候就会出现问题，到时候就要承担出错的责任。

沟通可以使双方更默契，但不要指望默契能够替代沟通，一个手势、一个眼色就让对方心领神会，是不可能的。即便是相处多年的朋友、朝夕相处的同事，也不可能通过只言片语彻底明白对方的意思。所以，团队内部一定要形成良好的沟通习惯，详细交待，切勿遗漏。

第二，沟通频率不足。团队在完成任务的过程中，不可能总是一帆风顺，会出现各种问题，问题一旦出现，就要积极沟通解决。也许你解决不了的问题，别人能够解决；也许你的进度较快，遇到的问题别人还没有出现，或者问题没有出现在你这里，而你却不知道。

团队协作需要高频率沟通，需要定期沟通，以便在遇到问题的时候及时解决，而不是被一个难题卡住，影响工作进度。

第三，不使用同一种“语言”。有一个笑话是这样的：某公司的销售人员谈一笔交易时遭到竞争对手的阻截。销售人员认为，为了这笔订单，完全可以将产品价格降低一些。于是，他写报告给领导，询问这样是否可行。领导给的批复是“go ahead”。收到批复，销售人员风风火火地叫人给他订机票，要赶紧飞去谈这笔生意。领导的秘书见状，问他怎么回事。他将事情一五一十说了，秘书却告诉他不要去了，领导常说的“go ahead”是“去个头”的意思。

这个笑话很好地说明沟通的时候要使用双方都听得懂的语言，这不仅仅指语种上的一致。很多新建团队的主要成员是新人，刚刚入行的新人和已经独当一面的行业老手不一样，很多专业术语、缩略语等很容易对沟通造成障碍。也有一些人将生活中常用的语言带进工作中，导致很多名词的含义各不相同，沟通起来出现偏差，例如“这个”、“那个”、“昨天的”、“今天的”等词语很容易让对方会错意。

除此之外，网络语言和各地方言也会成为沟通当中的阻碍。网络新名词总是随着时代的发展不断出现和更新，几个月不上网，你可能很难听懂别人在说什么，只能去求助搜索引擎。而地方方言导致的问题，有些时候连搜索引擎都解决不了。

某建筑公司的老板是云南人，普通话说得不错，但还是会无意中说一些云南地区专有的名词，听得下属丈二和尚摸不着头脑。一次，公司要购买一批建筑材料，有两家公司的产品可以选择，一家价格低廉，产品质量稍差；另一家产品质量极佳，价格却偏贵。领导看到请示文件的时候，正着急赶一班飞机，便留下一张纸条："选板扎的"。员工拿到纸条满脸疑惑，作为地道的北方人，他第一次看见这个词。当时网络不发达，老板又已经上了飞机不能接电话，幸好他记得老板家里的电话，打电话问了老板夫人才明白"板扎"是结实、好的意思。

人与人之间，沟通非常重要。特别是在一个团队里，每个人都依赖着其他人，也被其他人依赖着，如果不能顺畅沟通，不能理解对方的意思，还怎么在一起做事呢？

授人以鱼未必不如授人以渔

授人以鱼不如授人以渔，这句话已经流传上千年，几乎每个人都认为，授人以渔才是真正对一个人负责。其实，这要因时、因事、因人而异，授人以渔还是授人以鱼也是沟通中的一个问题。

我有个老朋友，曾经在大学当教授，后来自己出来创业，开了一家互联网公司。他经常和我谈起他刚参加工作时的事。那时候每个老程序员手里都有点“绝学”，轻易不会告诉别人。他在工作中遇到问题，有人肯帮忙解决，但是从来没有人回答他的提问，生怕自己的“绝学”被学走。现在他自己开了公司，绝对不会对公司中的新人藏私，一定知无不言、言无不尽。我觉得他的想法很好，进入他的公司肯定能够快速成长，毕竟这样的领导不好找，于是我将亲戚家的一个孩子推荐进了他的公司。

几个月后，这个孩子说不想干了，问我这样会不会影响我和朋友的关系。我很好奇，问他理由是什么，他说这工作干起来太委屈。

原来，老朋友真的将他的想法彻底贯彻了下去，加上之前做教授的经历，让他非常好为人师。新人遇到麻烦，遇到不懂的事情，他会为对方详细解答，由浅入深、层层剖析，不知疲倦。碰上特别复杂的问题，他讲上几个小时仍然意犹未尽。而他占用了别人大量时间却不自知，对方因为他“授人以渔”而不能按时完成工作时，他马上给予严厉的批评。也有人婉转地表示，工作完不成的原因是他占用了太多时间，他却勃然大怒，说：“好心当成驴肝肺是吧，我教你们东西还错了不成？”时间长了，没有人再敢轻易请教他。

并非什么时候都适合授人以渔。授人以鱼看似不负责任，其实是一种效率很高的方式。授人以渔看似一劳永逸，实则过程漫长，而想要将别人的经验彻底沉淀成自己的，要花费的时间就更长了。授人以渔和授人以鱼都是对的，只要把握好沟通的对象和时机，合理运用，就能高效解决很多问题。

肖丽丽刚刚参加工作，对公司很多流程方面的事情不了解。领导要求今天上交一个报表，肖丽丽很快就做完了，但是心中忐忑，有不少地方她都不知道自己填写的是否符合格式。她请一个同事帮忙检查，同事非常乐于助人，详细地告诉她哪里应该填什么内容，具体格式是什么，结果当肖丽丽弄明白这个报表怎么填，领导已经怒气冲冲地前来质问。肖丽丽觉得非常委屈，但是同事尽心尽力帮忙，她也不好说什么。

几天后，领导要求上交另外一种报表，她也不太明白这个报表怎么填，不过担心被骂，还是决定上交。另一位同事端着水杯路过她的座位，对她说："你这报表填的不对啊，我教你怎么填。"有了前车之鉴，肖丽丽正要拒绝，只见对方说："这个数据填到这里，这里不是让你填数字的，填是或者否就行了……"几分钟肖丽丽就将报表改完上交了。午休的时候，肖丽丽拿一张空白报表，详细请教了那个同事。

两个同事的初衷一样，都是帮助新人解决问题。但是，一个人只授人以渔，另一个则先授人以鱼解燃眉之急，然后再授人以渔。相同的目的，做法稍微更改，结果就截然不同。

授人以渔是好事，但要注意方式方法。对方如果正急着赶什么东西，不妨先告诉他解决问题的方法，以后再慢慢告诉他为什么。盲目地授人以渔，很可能耽误事。特别是一些连续性的工作，节奏非常重要，一旦节奏被打乱，对方可能要花费很长时间才能找回原本的状态。

领导帮助员工解决问题是常事，但不能让这种情况持续下去，否则员工遇到问题，第一反应是找领导帮忙，而不是自己想办法解决。久而久之，领导肩上的担子更多更重，员工也得不到成长。让员工主动解决问题，更聪明地做事，是领导需要做的。

赞美的高级套路

沟通的重要性已经无需赘言，任何一个团队的运行都离不开良好的沟通。为了达到目的，我们可以使用一些沟通技巧，比如巧妙的赞美。

赞美是人与人之间打造良好关系的重要方式，没有人不喜欢听到称赞，如果你的赞美让对方感到反感，一定是你的语言和方式出了问题。

某公司新上任的总经理是老板的儿子，几乎所有人都认为他能当上总经理是靠老板的关系，实际上他的确很有才能，也付出了很多努力。在一次商务宴会上，两家公司的负责人都想结识这个年轻的总经理，希望有机会达成合作。第一家公司的负责人想抢在竞争对手之前和这个总经理搞好关系，于是走上前说："我之前就听说贵公司的总经理换人了，没想到如此年轻。您还真是年少有为啊。"紧接着大肆赞美了对方的外貌、学历，称赞了他父亲白手起家的能力。年轻人皮笑肉不笑地应和了几句，就找借口离开了。

第二家公司的负责人先打量了这个年轻人，随后慢慢走过去，感慨地说："您这块手表让我回想起了往事，我刚刚创业的时候也有一块一模一样的表。"这句话起到了意想不到的效果，年轻人马上抬起手腕炫耀说："我这块表戴了好多年，是我上大学的时候打工买的，也是我第一次用自己赚的钱买的。"说完两个人你一句我一句地聊了起来。待到宴会散场，两人已经成为朋友。

为什么第二家公司的负责人没有直接赞美，反而收到更好的效果呢？非常简单，第一家公司的负责人赞美的东西，是这个年轻人不在意甚至是反感的，尤其是最后称赞他父亲的话，仿佛是讽刺他靠着父亲的关系才当上这个总经理。第二家公司的负责人说话的方式要巧妙得多，当一块与年轻人身价不符的手表出现在他身上，往往说明要么他特别喜欢这块表，要么这块表有故事。不管是哪一种，这块手表一定是他在乎的东西，称赞这块手表远比称赞其他东西更让他受用。

由此可见，赞美的第一个诀窍是称赞对方在乎的东西。我们每个人都有在乎的东西，这种在乎与东西本身的贵贱关系不大，更重要的是喜欢与否，是否有意义。例如，对于一个漂亮时髦的女孩，称赞她的发型比称赞她的脸蛋更让她高兴，而如果你称赞她的鞋子，她瞬间就能视你为知己。当然，这里只是举个例子，具体事情还要具体分析，但称赞对方在乎的东西总是没错的。

最打脸的做法是称赞对方并不出色的地方。很多八面玲珑的人早已将赞美当成习惯，甚至还掌握了很多“套话”，比如称赞别人的家怎么说，称赞别人的事业怎么说，称赞别人的孩子怎么说，等等。但是，套话并不总是有效，用不对地方，反而让人反感。

某理财公司的业务员小燕是个非常会说话的人，她的三寸不烂之舌让她的业绩总是能在公司里名列前茅。她不仅能够找到新的客户，还能让这些客户变成长期客户。有人问过她秘诀是什么，她给出的答案是，要获得客户的信任就先跟客户交朋友，如何轻松地跟客户成为朋友呢？自然是多说好话。所以，她在赞美别人这件事情上经验特别丰富。

不过，最近她却碰了钉子。她家隔壁搬来了一户新邻居，她一眼就认出这位姓李的中年男子是当地某大型国企的管理人员。既然是邻居，那么变成朋友，再变成客户，就再简单不过了。这一天，她刚好碰到李先生带着儿子回家，马上迎过去寒暄了一番，随后开始赞美李先生的儿子。根据她的经验，赞美别人的孩子会比赞美本人能够获得更多好感，于是说道：“哟，李先生，这就是您的儿子吧，长得跟您可真像，将来肯定是个帅哥。看这机灵劲儿，也许长大比您还有出息呢。”听完这几句话，李先生脸上的笑容逐渐凝固，敷衍几句就走了。

从那以后，李先生每次见到小燕都爱答不理，别说交朋友了，就连普通的邻里关系都建立不起来。小燕知道肯定是那天说错了话，但是始终不明白错在哪。后来，她才从居委会阿姨口中得知，李先生是二婚，那个小男孩是后娶的妻子带过来的。

那么，为了避免出现尴尬，赞美下属时，你需要注意些什么呢？

第一，不可过火。恰到好处的赞美，让人心情愉快。但如果称赞过火，被赞美者不仅不会愉快，还会感到尴尬。某杂志社主编曾这样赞美他的一个员工："你拍照的水平真不错，如果有机会，我看拿个普利策奖也没有问题。"这句话让该员工成了同事中的笑柄，在好长一段时间里同事都会用"未来的普利策奖获得者"称呼他，让他尴尬不已。

第二，如果不能戳中对方的兴奋点，称赞不妨笼统些。员工要做好一件事情需要多方面的能力，需要付出很多努力，其中有很多特质能成为领导赞美的方向。选对了方向，被赞美者会产生知己之感，选错了方向，赞美的效果则会大打折扣。当你无法找到对方真正骄傲的东西时，笼统的称赞是最好的。例如，美工把网站的版面做得非常漂亮，负责人看到之后在整个团队面前称赞道："看看这个页面的美工，绝对不是一朝一夕能够做出来的，肯定下了苦功夫，花了大量时间。这份勤勉，值得我们所有人学习。"美工撇了撇嘴，心想，这哪里是勤勉就能做到的，这是艺术天赋的展现。如果这段赞美能够止步于成果，员工会更愉悦。

美国著名作家马克·吐温曾说：“我可以为一个愉悦的赞美多活两个月。”没错，适时、恰当的赞美是一种鼓励，能调动员工的积极性，满足他的成就感。而那些华而不实的、虚情假意的称赞，有些时候不仅无效，还可能引发不满。

这样批评，有效还不伤人

批评是沟通中非常重要的一部分。没有批评，犯错的人往往无法清楚地认识到自己错在哪，如何改进，从而快速进步。但是，这个世界上人人都爱听好话，没有人愿意被批评、被否定，而且批评不当容易让被批评者产生糟糕的情绪，破坏双方的关系。所以，我们常说批评是一门艺术，要讲究方式方法。

这个世界上最难批评的人是谁？是你桀骜不驯的下属？是你犯错的伙伴？还是不长进的晚辈？都不是，有足够人生阅历的人都明白，最难批评的人往往是孩子，特别是当着家长的面批评他的孩子。孩子总是自己的好，这句话一点没错。在很多家庭中，孩子是掌上明珠，即便有做得不对的地方，自己可以批评，别人不行。这种心态非常普遍，以致批评孩子变成了一件非常困难的事情。几乎每个老师都对不用心学习的学生家长说过这样的话："你家的孩子很聪明，就是太顽皮了。如果能将心思用在学习上，成绩肯定不会差。”

这句话的中心思想是，你家孩子不认真学习，成绩不行。直接说这句话，家长的脸色一定不会太好看。但是，如果先称赞孩子很聪明，将不认真学习的话换一种美化的方式说出来，家长就会更愿意接受现实。在管理中，领导批评人的时候不妨参考一下这种方式。

管理学中有一个“正负激励”理论，是这样描述的：“当一个人的行为符合组织需要的时候，可以通过奖赏的方式来对此行为进行鼓励，以达成持续及发扬该行为的目的，这就是正激励；而当一个人的行为不符合组织发展需要时，则可以通过制裁的方式来对这种行为进行批评和抑制，从而达到减少乃至消除该行为的目的，这就是负激励。”

批评是非常典型的负激励方式。在人们的潜意识中，批评是一种负面压制性行为，谁都不喜欢被批评，接受批评往往会带给人巨大的心理压力。也正因为如此，在现实生活中，批评若是运用得好，往往比正面的激励更能发挥作用，帮助人们认清自身的缺点与不足，不断修正自己的行为，让自己变得更优秀。

莎士比亚曾说过：“庄严的大海能产生蛟龙和鲸鱼，而清浅的小河只会出产一些美味鱼虾。”小河清浅，遭遇的危机与压力较小，这样的环境只能培养出小鱼小虾；海洋波澜壮阔，每时每刻都面临着巨大的危险，这样的环境能培养出强大的蛟龙与鲸鱼。适时给予员工批评和压力，能让员工时刻保有危机意识，潜能得到激发，从而成为“蛟龙”或“鲸鱼”。

美国第30任总统卡尔文·柯立芝是律师出身，有“严肃的卡尔”之称。他惜字如金，不爱说话，但这不代表他不善言谈。相反，他拥有极好的口才，为人幽默风趣，只言片语就能让人感受到他在语言方面的魅力。他有一位年轻貌美的女秘书，女秘书对时尚要求很高，经常打扮得美艳动人，但是对工作却不怎么上心。柯立芝拥有丰富的人生阅历，知道如果直接批评，这个年轻时尚的女孩必定会产生叛逆情绪，于是采用了一种迂回的方式。

他对女秘书说：“你今天打扮得真漂亮，就像你过去打扮的一样。可见，你在这件事上花了心思。你的专注和努力，让你比别的女孩更加迷人。但是，你能否将这份努力用一些在工作上呢？如果你能够像追求时尚那样用心对待工作，你打出的文档就不会有错别字和标点符号错误了。到时候，你的文档会像你一样迷人。”听了柯立芝的话，女秘书不仅没有生气，还有点开心。从那以后，她工作的时候特别专注，几乎不再出错。

批评作为一种负激励手段，要讲究技巧。批评适度，可以帮助员工改正缺点，引导员工走上成功的道路；批评过度，则会让员工心生怨恨，甚至可能摧毁员工的自尊心和自信心。毕竟，不是每个人都能正确地看待批评这件事。

那么，批评下属需要注意些什么呢？

第一，批评要建立在对事不对人的基础上。批评一个人，不是因为他本人有问题，而是因为他做错了事情，关注的重点是这件事而不是人。不能因为犯错的人是你不喜欢的人，就大肆批评，犯错的人是你喜欢的人，就轻松放过。没有公平可言，批评也就失去了公信力。

另外，批评的重点要在事情上。你可以批评他这件事做得不对，正确的做法应该是怎样的，但万万不能进行人身攻击，不能牵扯到其他人。每个人都有尊严、有个性、有脾气，对其进行人身攻击，很容易招致怨恨。我曾亲眼见过某公司的高管批评下属时使用了“你是猪”、“你要蠢死了”、“你爸妈生你出来简直是浪费粮食”这种话。人在生气的时候很容易失去理智，因此批评人的时候要三思而后行。

第二，一码归一码。有一句话，喜欢读文学作品的朋友一定经常看见，叫“新仇旧恨一起涌上心头”。人们在愤怒的时候常常会出现这种情况，不管是和朋友相处，和家人相处，还是和伴侣相处，生气的时候总会想起对方过去的劣迹，并且口不择言地说出来。这种翻旧账的行为很容易将正常的批评升级为一场争吵。过去的事情已经过去，不管是打还是罚，或者是既往不咎，都已经是盖棺定论的事情。翻旧账或者把以前的错误拿出来数罪并罚，是非常不公平的。这样做容易激怒对方，也失去了让对方吸取教训的意义。

第三，批评的目的是让对方吸取教训，而不是让对方丢面子。很多领导在团队里唯我独尊、说一不二，批评人的时候从来不知道给对方留面子，经常在大庭广众之下批评人，甚至有些时候故意选在人多的场合，就是要给对方难堪。

仔细想想，这样除了给别人留下一个暴君的印象，还有什么好处呢？什么好处都没有，反而会让员工寒心。而且，你让员工丢了面子，员工可能会给你使个绊子。在二战时期，捷克斯洛伐克的一位将军特别喜欢在会议上训斥下属，能够参加这种会议的都是军中的将领，有一定身份地位。众目睽睽之下被训斥，脸上别提多难看了。结果，二战开始以后，那些经常被训斥的将领很快倒向了德国人一边，带领自己的军队以仆从军的身份攻打自己的国家，就是为了活捉那个将军，让他尝尝难堪的滋味。

管理学上有这样一条法则："表扬一个人时，尽量用公文；但批评一个人时，最好用电话。"表扬是对他人的肯定和正面激励，这样的好事自然是越公开越好，既能让对方感觉被重视，也能以此激励其他员工。批评则不然，虽然从某个方面来说，它能够更好地帮助对方认识到自己的缺点和不足，但这种方式毕竟有损面子，并不适合在大庭广众之下进行。

每年上半年，某权威机构都会邀请一些业内有名的专业人士来进行文案评审活动。参与该活动的评审工作没有多少酬劳，但是一种荣誉的象征，受到该机构邀请的人都是行业内的翘楚。

每年该机构邀请的评审都有所不同，也有一些人是"常驻班底"，几乎每年都会收到邀请。进入这个"常驻班底"不是一件容易的事，许多业内大名鼎鼎的人物想参加都找不着门路，也有的人受邀参加一两次之后就被该机构踢出局了。

邢敏恰好是“常驻班底”中的一员，她已经连续六年受邀参与评审工作。客观来说，行业内比她有名、比她优秀的人并不少，她不是职位最高的，也不是出身最好的，甚至不是业务水平最过硬的，可她却脱颖而出。该机构为何如此青睐她呢？

原来，邢敏擅长批评人。她总是能够一针见血地指出问题，同时措辞温和委婉，不会让人感到丝毫不适。在比赛过程中，她如果发现某些较为严重的问题，不会当场指出来，而是在活动结束后单独找文案策划人员，提出自己的意见，极大地维护了对方的脸面和自尊心。正因为这样，大家对邢敏的评价非常好，十分愿意让她参与评审工作。

无助时，打开耳朵

人世间不是每个问题都有答案，但是团队管理中不允许存在这种情况。团队中的每个问题都要有解，如果有一个问题无法解决，团队的发展就可能受到阻碍。过去，管理中出现的问题，更多依靠领导的丰富经验和智慧去解决，但是进入互联网时代，很多问题是前所未有的，作为领导，你不得不承认，有时候会感到无助，毫无头绪。这个时候怎么办？方法非常简单，倾听群体的声音，发挥集体的智慧。这也是未来解决问题的常用方式。

很多人都知道甲骨文公司是世界上最庞大的数据库公司之一，也对创始人拉里·埃里森花花公子的性格津津乐道，但很少有人知道，甲骨文公司是“听”来的。

当时埃里森在安培影像公司做程序员。他被三所大学退学，但是能力非常出色，甚至超过了他从斯坦福大学毕业的同事。

不过，他傲慢的性格让他不受重用。他厌倦了当程序员的无聊生活，想要创立自己的公司。他有野心、有技术，唯一欠缺的是一个好项目。

当时数据库行业由蓝色巨人 IBM 掌控，顶尖技术和顶级人才都在 IBM。IBM 的很多研究人员是大学的学者，相对于赚钱，他们更喜欢研究技术。一位名叫埃德加·弗兰克的研究人员发表了一篇论文，论文上描述了一种可以通过关系提取信息的数据库。这在当时是一个非常惊人的设想，当时数据库查询虽然比纸质资料查询方便很多，但仍然非常繁琐，经常出错。

硅谷的程序员都看到了这篇论文，但只有埃里森产生了不同的想法，他认为这个东西非常有价值，如果制作出来，完全可以和 IBM 一争高下。于是，甲骨文公司抢先 IBM 制作出了关系数据库产品，占领了市场。当时甲骨文公司的产品并不成熟，新的数据库还需要添加哪些功能，埃里森一点想法都没有。为了解决这个问题，他开始倾听每个客户的要求，然后实现大部分客户想要的功能。这件事情埃里森进行得极慢，他足足用了七年时间才让甲骨文的数据库产品成为人们能够使用的、喜欢的产品。而七年以后的埃里森也一跃成为亿万富翁。

倾听的力量十分强大，拉里·埃里森从团队外部获得如此珍贵的信息，那么我们从团队内部能够得到什么呢？

玛丽·凯·艾什是玛丽·凯化妆品公司的创始人，如今这家公司在美国已经有 20 多万员工，规模惊人。玛丽·凯本人的管理理念也被编撰成书，受到人们的追捧。玛丽·凯认为管理中最有效的手段是倾听，她经常抽出时间听取下属的意见，并记录在册。不管是建议还是问题，她都会认真分析，最后给出一个回答。她要求销售部门同样善于倾听，无论客户给出什么意见，都要记录下来，以后再慢慢分析。销售部门每年都会针对顾客的意见改变营销策略，以至于即便不打广告，产品也能拥有很好的销路。

没有人是万能的,是人就会有短板和不足,领导也不能免俗。既然有缺点和不足，不妨让更加擅长这件事的人帮我们补上短板，而倾听正是做好这件事的上佳途径。如此久而久之，善于倾听的人会拥有越来越多的知识和越来越强的能力，整个团队也会变得更好。

创新工场的创办者李开复曾经供职于谷歌、微软。在微软的时候，他非常崇拜比尔·盖茨，不是因为比尔·盖茨赚钱的能力强,也不是因为比尔·盖茨的技术才能强,而是因为比尔·盖茨是个特别擅长倾听的人。他在微软的时候与为比尔·盖茨准备演讲稿的工作人员是朋友，每次演讲之前，比尔·盖茨都会细细地研究演讲稿，会做笔记，还会进行大量练习。更重要的是，演讲结束后，他会认真倾听别人的想法，哪里讲得好，哪里讲得不好，要如何改进。

倾听会让你获得更多。你可以从同行、合作伙伴，甚至竞争对手口中获得大量信息。这些信息只要稍加分析，就能成为非常宝贵的资料。倾听能够让你从下属口中获得更好的方案、更完善的制度，助你把团队管理得更好。

不管是倾听竞争对手的闲言碎语，还是倾听员工的意见和心声，倾听总会让人有所收获。即便不能获得实质性的东西，你至少还能收获一份好人缘。认真倾听上级的指令，证明你对他尊重；认真倾听下属的意见，证明你在意他的想法；认真倾听合作伙伴的想法，证明你会不负所托。倾听是一种工具，同样是一种态度。学会认真倾听，你才能真正掌握良好的沟通技巧。

5 别怕，所有问题都有解

苹果、微软、谷歌等知名企业都在不断出问题，但是这并没有妨碍它们成为世界上最成功的团队。

下一场危机正在酝酿

遭遇危机是不可避免的，任何一个团队都不想在危机中溃败甚至死亡，即便成立不久的团队，也会设定一套应急预案来应对突如其来的危机。只是，很多时候即便前期做了应急预案，也难以全身而退，如果应对得不好，还可能导致整个团队崩溃瓦解。所以，在危机出现之前将其扼杀在摇篮里，就显得尤为重要。

1969 年，美国斯坦福大学的心理学教授菲利普·津巴多做了一个试验。他将两辆汽车分别停在一个中产社区和一个治安较差的贫民社区。两辆车都被摘掉了车牌，打开了天窗。停在贫民社区的车没过多久就被开走了，而停在中产社区的车一直原地未动。如果试验进行到这里，就是两个社区之间的比较了，但是这个试验的目的显然不止于此。之后，津巴多将停在中产社区那辆车的车窗打破，没过多久这辆车也被开走了。

这个试验给其他心理学家不少启示，政治学家威尔逊和犯罪学家凯萨琳在这个试验的基础上又进行了另一项试验。一栋破旧的大楼放在那里很久也不会有人蓄意破坏，一旦这栋大楼有一扇窗子被打破，且没有得到修缮，很快其他窗子也会被打破。这就是大名鼎鼎的破窗理论。

危机的酝酿过程和破窗理论相似，或许起初团队只是遇到了一点小麻烦，但忽略了这些小事，久而久之小麻烦就会发展成大危机。小麻烦就如同那一扇被打破的窗子，没有得到及时修缮，就意味着这是在纵容其他人也来打破。

我的一个朋友开了一家汽车修理厂，修理厂里赚钱最多的不是那些修车的工人，而是负责将客户带到修理厂的业务员。他们是为团队带来最多收益的人，在团队中的地位较高。艾女士是业务部门的负责人，人脉极广，口才非常好，总是能够为团队带来源源不断的客户。

有一次，公司的收银员告诉朋友，艾女士似乎有私自收费的行为，会计也说有几张发票和艾女士收款的金额对不上，不过数额不大，也就几百元。朋友没把这件事放在心上，认为艾女士可能弄错了金额，以艾女士的收入来说，这几百块她不会放在眼里。

又过了一段时间，会计找到朋友，说艾女士有一次说自己已经开了发票，交过单子，金额也对，但是日期却对不上，艾女士当天所说的单子很可能是前几天另外一笔交易的。朋友一核对，发现就是几百元的事情，认为艾女士应该是记错了日期，不会故意为之。

一个月以后，公司盘点的时候发现营业收入下降了很多。朋友多番调查，发现几乎所有业务员都有私下收款的行为，还有几个人报假账。朋友非常愤怒，彻底清查之下，发现源头就是艾女士。对于艾女士做的几次小手脚，朋友没有做相应处理，导致所有业务员有样学样。

每当谈起这件事，朋友都悔不当初。倒不是因为钱的问题，而是业务员不能用了，业务员手上的客户也跟着走了，公司的损失超乎想象。

小学课本上讲过亡羊补牢的寓言故事。不管在什么时候，只要发现微小的漏洞，就要立刻补上，否则损失会越来越大，事情会变得越来越麻烦。团队管理也是这样，不能忽视小问题，更不能故意放纵来讨好某个成员，否则问题只会越来越严重、越来越复杂。待危机真正爆发出来，恐怕只剩壮士断腕这一条路可以走了。

海尔公司小小神童洗衣机刚上市的时候风靡一时，广受好评。但是，在众多用户的夸赞中，张瑞敏却看到了一扇破窗。一位用户反映，洗衣机的进水口打磨得不平整，塑料上有很多毛刺，刺破了他的手指。张瑞敏没有被媒体的好评和海尔公司内部狂欢一样的氛围冲昏头脑，他意识到毛刺不是一件小事，这意味着做工还有很大的改进空间，如果放任下去，海尔电器的做工可能会越来越粗糙。

张瑞敏马上在海尔内部月刊上刊登了一篇文章，名为《我们害怕什么》。在文章中，他强调，海尔不怕国内企业的竞争，也不怕和全球知名企业对抗，但是，一个毛刺却让他感到深深的害怕。毛刺的出现不仅说明海尔的产品没有打磨好，更意味着海尔团队思想上的毛刺也没有打磨好。

2000 年，张瑞敏再次谈起这件事。他在会议上告诉所有管理人员，海尔的状况并没有他们想象得那样好，甚至随时可能被对手超越。没有人能预测海尔会被别人以什么样的方式超越，所以只能不断否定自己，不断完善自己，不断研发出更好的产品，永远保持危机感，永远拼命前进。毛刺这件事是必须吸取的教训，要给受到困扰的用户道歉和赔偿，然后推出更好的产品，再次得到用户的肯定。

张瑞敏的做法无疑值得肯定，任何一扇破窗都必须受到重视。危机不是无缘无故发生的，危机爆发时，说明那扇破窗已经存在很久了。

一个纸杯引发的危机

在团队管理中，作为领导，你每天都会遇到大大小小的问题，然后根据轻重缓急依次解决。有些问题很小，也不是纵容他人犯错的破窗，可以暂缓处理，甚至可以忽略不计，但有时候，这些小问题却会导致意想不到的后果。从出现问题到发生足以让团队崩溃的危机，其间有着紧密的联系，如同多米诺骨牌一样，一块倒下了，剩下的就会一块接一块倒下，最终出现巨大的危机，又如同蝴蝶效应一样，一个小的问题可能会因为连锁反应不断变大。这与破窗效应不同，破窗效应是因为一个错误没有被弥补，而被其他人当成鼓励；连锁反应则是某个小问题潜移默化地发展，最终变成大问题。

很多危机其实来得莫名其妙，马尔克斯有一篇小说，名叫《我来讲一个故事》，其中描述了这种状况。

一个青年正在和邻居玩台球，他今天有些心不在焉，输了一次又一次。邻居好奇地问他：“你怎么了？表现比往常差得多。”青年说：“今天早上我出门的时候，妈妈让我小心，她说今天村子里可能会有灾难发生。”邻居回家后将这件事告诉了家人，家人说：“他的母亲已是耄耋之年，她说的话应该慎重考虑一下。”

邻居的家人为了应对即将到来的灾难，开始储备食物。买肉的时候，屠夫看见他买了比往常多几倍的肉，好奇地问：“你今天怎么买这么多肉？”邻居的家人说：“你还不知道吗？听说今天村里会发生灾难。”屠夫是个好心人，他对每一个顾客说：“你们多买一点儿吧，村子将会发生灾难。”

关于灾难的消息传得越来越广，几乎村子里的每个人都知道了。村子里已经风声鹤唳、草木皆兵，即便广场上飞过一只小鸟，都有人觉得快要大难临头，因为往常这个时候不会有小鸟飞来。

人们的恐慌逐渐加剧，很多人开始收拾东西，准备逃出村子。还有不少人决定离开村子，永远都不回来了。不想回来的人，甚至放火烧掉了自己的房子。越来越多的人离开了村子，包括那个青年和他的母亲。在离开之前，母亲对青年说：“你看，我就说今天村子会发生灾难。”

团队中能够传递的东西有很多，包括问题、情绪等。人们很难做到彼此开诚布公，更多时候是靠自己的经验去猜测别人在想什么，别人身上到底发生了什么，还因此诞生了很多办公室哲学、职场看人法。大家无法开诚布公地沟通交流，难免会出现问题。当团队中某个人的生活或工作出现问题，他通常会表现异常，这种异常会影响那些和他并不熟悉的人，这些人会猜测他到底出了什么问题。互相影响之下，猜测会越来越多，问题会被传得越来越严重，甚至最后从私人问题变成影响整个团队的问题。

如果表现异常的人是团队领导，影响就更大了。如果你的上级开完会一直黑着脸，你会怎么想：团队的业绩不能让高层领导满意？上级的地位不保？团队能获得的资源减少了？还是其他什么原因？究竟我们是要换个上司还是会裁员……你永远无法知道上级究竟为什么不高兴。这可能只是他的私人问题，到最后在重重猜测之下却变成了整个团队的问题。

猜测会带来连锁反应，但连锁反应不都是从猜测来的，更多时候是由其他小问题引发的。

某公司新买了一台咖啡机，员工都非常喜欢。唯一让大家不满意的是，公司原来的纸杯太小，每次装咖啡的时候都装得特别满，很不方便。公司领导知道这件事情以后表示，现有的纸杯不要浪费，等这些用完，再买更大的纸杯。

某天，一个员工端着咖啡去打印文件，结果不小心被咖啡烫到，将咖啡撒进了打印机。他马上擦拭，并检查了打印机的状况。幸好打印机没有出现什么大故障，虽然使用起来不如之前顺畅，偶尔会卡纸，但还能使用。

过了两天，另一个员工去打印报表，发现打印机卡纸，便自行调整。在调整过程中，他需要的东西已经打印好。他将报表提交上去，完全没发现成本一栏中的数字 8 只打了一半，变成了数字 3。

领导拿到报表，见成本价远低于心理价位，便迅速定下数额，要求下属大刀阔斧、放手去做。结果可想而知，产品定价过高，导致滞销，公司亏损了不少钱。

造成巨大损失的原因是什么？归根究底是几个纸杯。人们常说细节决定成败，有时候确实如此。不过，这并不是要求领导要面面俱到、事必躬亲，连几个纸杯这样细碎的事情也要过问，而是让你提高警惕，细心观察工作中的每个细节，并进行逻辑推测，预知事情的发展。见微知著、以近知远是一种能力，不仅能让你获得更多机会，也能规避更多风险。

某公司领导在参加老下属结婚典礼之后做出决定，减少这个下属接触公司机密的机会。这么做的原因是什么呢？老下属虽然勤勤恳恳，任劳任怨，对收入和物质生活没有过高的要求。但是，他的妻子看起来不是这样。双方结婚的排场很大，还买了一辆非常昂贵的婚车。显然，老下属的妻子对经济方面的要求很高。老下属想要获得更多收入，跳槽不可避免。果不其然，两个月以后，老下属提交了辞呈，去了条件更好的公司。

作为领导，你要注意团队中任何一点风吹草动，即便自己不能解决，或者不需要亲自上阵解决，遇到了，起码要知道原因是什么，要根据起因来推断事情发展的结果，再判断事情是否会造成连锁反应。窥一斑而知全豹，听起来是天方夜谭，实际上任何事情之间都有联系，抓住了这种联系，就有更多判断事情走向的能力，也就能避免连锁反应让事情变得更糟糕。

困境面前，脆弱给谁看

团队遭遇危机的时候，往往是领导展示能力的时候。领导始终充满自信，能给团队中的其他人鼓舞和力量。如果领导惊慌失措，怎么指望其他人挑起重担，让团队脱离困境呢？不管遇到什么样的危机，你都要记住，自己是团队的主心骨，是团队的顶梁柱。

1997 年，乔布斯带着一身光环，伴随着所有人的欢呼重回苹果的时候，面临的是一个烂摊子。尽管苹果公司延续了乔布斯高端、精致的理念，但是后来人并没有将这个理念真正做好，苹果电脑的优势逐渐减小，后来甚至丢掉了自己所有的特点，开始模仿其他品牌的电脑。可惜，市场并不买账，尽管苹果公司不断更新图形操作系统，越来越多的用户还是投向了微软的怀抱。乔布斯提起那段时间的时候也说：“活该，我离开苹果以后，他们没有发明任何东西。”

早前接替乔布斯的第一任首席执行官斯卡利被美国某商业杂志评选为全美最差首席执行官之一，而第二任首席执行官斯平德勒差点就把苹果卖给IBM或者惠普。幸好，乔布斯回来了。

乔布斯回归后做的第一件事情是稳定人心。他是苹果公司的创始人，他回归的时候，几乎所有员工都将他当成救世主。他并不受董事会的欢迎，但这不代表他不能拥有权力。随后，乔布斯冷静地找到了苹果公司出问题的原因——产品不行。他认为苹果公司的产品不再“性感”，要让产品重新“性感”起来，必须要有大量符合要求的人才。

当董事会成员全部退出，组成一个以乔布斯为中心的新董事会后，乔布斯开始执行下一步计划。他认为，苹果公司面临的窘境与力量过于分散有关。他砍掉了大量生产线，只留下必备的四条，将所有工程师集中在这四条生产线上，发挥公司最大的力量来制造一款能够让苹果公司重返市场的产品。在乔布斯的努力下，iMac出现了。这款集合苹果公司所有力量和智慧制作出来的全新个人电脑马上吸引了大众的眼球，因为单从造型上相比，其他个人电脑都应该被扫进历史的垃圾堆。苹果公司借助iMac的力量成功渡过了难关。

乔布斯展现出的毫无疑问是一个领袖的特质，是一个领导如何带领团队渡过难关的典范。我们可以逐步分析，乔布斯究竟做了什么。

首先，冷静地寻找危机的根源。不管遇到什么危机，都要保持冷静，一旦慌乱起来，寻找危机的根源会变得难上加难。如同深夜时分在一间没有灯光的房子里找东西，不仅没头没脑，还可能找错对象。如果你连对手在哪里都不知道，即便浑身都是力气，又要跟谁去战斗呢？

其次，当机立断。乔布斯与苹果公司董事会的关系并不好，乔布斯回归以后，董事会没有做出任何改变。乔布斯提出一个意见，董事会表示要做两个月的市场调查，乔布斯愤怒了。他认为董事会的效率太低，特别是在苹果公司遭遇危机的时候，股价每天飞快下跌，每拖延一天，苹果公司都会遭受巨大损失。在这种情况下，乔布斯以一个临时首席执行官的身份要求现有董事退出董事会。

再次，及时止损。每个团队在遇到危机的时候，都会面临资源分配的问题。实际上，很多团队或多或少都做着一些收益不大、放弃又可惜的“鸡肋”项目，平时这些项目能够锻炼团队的能力，为团队提供些收入。但是遭遇危机时，这些“鸡肋”项目无疑是一种无畏的消耗，继续维持就是浪费资源，对顺利脱困非常不利。

最后，集中力量解决问题。乔布斯回归以后砍掉了很多生产线，这不仅是因为这些生产线型号混乱，不能产生太多效益，更是因为集中所有力量才能够制造出一款王牌产品。一个团队已经陷入生死存亡的困局，这个时候如果还不愿意遭受一些小损失，无法集中所有力量，往往说明团队已经向危机屈服，领导也没有解决危机的办法，只能适当减少亏损。

拿乔布斯做例子，并不是说要像乔布斯那样强大才能化解危机，而是强调领导在危机时期的重要性。

身为团队的负责人，在关键时刻将团队抗在肩上是你必须承担的责任，这个时候，谁都可以慌乱，谁都可以表现出脆弱的一面，只有你不可以。只要你没有被危机吓倒，只要你认为还有机会，团队起码还有一搏之力。如果你失去信心，团队就没有什么士气可言了，每个人都想着散伙，着手寻找下一个团队。即便团队运气好渡过了危机，人心也已经散了。

什么都能散，人心不能散

人心散了，队伍就不好带了，这是人尽皆知的道理。遭遇危机的时候，是最考验团队凝聚力的时候，因为这个时候人心最容易散，毕竟每个人都要养家糊口，都要为柴米油盐的生活奋斗。助团队脱离困境的永远是人，遭遇巨大困境的时候什么都能散，只有人心万万不能散。

团队遇到危机，能够凝聚人心、鼓舞士气的是什么？团队文化在此时往往起到重要作用。只是，团队文化要在平时建设好，一朝一夕是做不到的。团队一旦遇到危机，真正能提升士气、凝聚人心的，还是领导本人。

古人有句话说得非常有道理："人存地存，人失两失。"只要团队中的骨干还在，只要团队中的人还在，一城一池的得失并不算什么，过去能够打下的江山，只要打江山的人还在，早晚能够打回来。如果人心散了，团队没了，想要东山再起就不那么容易了。

蒙牛的创始人牛根生原本是伊利集团的副总裁，在伊利勤勤恳恳工作了 16 年。到了 1998 年，他开始觉得手中的资源越来越少，他在伊利也渐渐失去了话语权。他找到伊利总裁郑俊怀的时候，发现郑俊怀对他非常戒备。他明白，自己失去了郑俊怀的信任，于是主动递交辞呈，孑然一身离开了伊利。

离开伊利那天，他动了自主创业的念头。牛根生觉得自己的知识水平不够，于是去北大进修。当时牛根生已经 40 多岁，但仍然每天骑着自行车来往于北大各教室，不断学习新知识。

1999 年，牛根生决定创建自己的公司。他卖掉手中所有伊利的股票，拿着 100 多万元成立了蒙牛。蒙牛成立以后，很多过去的老部下纷纷跑来投靠他，这让牛根生非常头疼。蒙牛刚刚成立，没有人知道这家公司是否有前途。牛根生甚至苦劝一些发展前景较好的老部下不要离开伊利，蒙牛还太小。

老部下的到来让牛根生觉得肩上的担子更重了，他需要用更快的速度让蒙牛发展起来，毕竟手下有不少人要养活。但是，他手上什么资源都没有，没有乳源，没有加工厂。他苦苦思索，终于想到一个办法，他手上有大量人力资源，这些人过去都是伊利的骨干。用人才换资源，是绝对可行的。

他与哈尔滨一家乳业公司合作，对方出设备，提供乳源。牛根生出人，帮助对方管理公司。很快，这家乳业公司被经营得欣欣向荣，而蒙牛也开始推出自己的产品，迈出了第一步。

团队遭遇生死存亡的危机时，领导能起到定海神针的作用。你要让员工明白，即便真的不能化解这次危机，重头再来也没什么大不了。

对于爱迪生，如今人们褒贬不一。有人认为他是个伟大的发明家，也有人认为他是个残酷的商人。不管如何评价，都不能否认他伟大的人格魅力和领导能力。爱迪生和伙伴刚刚成立公司的时候，研究室发生了火灾。这场大火一直烧到天亮才熄灭，整个实验室被完全烧毁了。实验室里有爱迪生和朋友的无数心血，实验数据、研究报告、实验器材全都没了，爱迪生的朋友当场失声痛哭，不少助手也流下了眼泪。只有爱迪生满不在乎，他哈哈大笑说："哭什么，朋友们，上帝用一把大火烧毁了我们所有的错误，现在正是我们重新再来的好时候。"

爱迪生后来取得了伟大的成功，他的团队没有因为一次不能逆转的危机就彻底崩溃。

要保证团队在遭遇危机的时候人心不散，是有一些方法的。这些方法有些需要长期积累，起到防微杜渐的作用，有些则在关键时刻显效。

首先，钢铁一样的纪律是团队临危不惧的保障。没有规矩不成方圆，规矩的好处是不仅为各种状况提供处理方法，还能培养一个团队的良好习惯。很多狼性团队采用军事化管理的方式，不管什么时候，都严格遵守纪律。或许有些人不赞成这种方式，认为会限制员工的创造力，但是在钢铁纪律下培养出的习惯可以让一个团队不管在任何时候都能保持冷静，保证人心不散，至少在彻底失败之前能够正常运转。

其次，让团队中的每个人都有事做。很多团队在面临危机的时候变得非常松懈，大部分成员无所事事，等着拿完最后一笔薪水就分道扬镳，这种团队必然会解散。让团队中的每个人都忙碌起来，都有事情做，他们会感到团队仍然有生命力。

英国航空公司这样的庞然大物也遭遇过生死存亡的危机。1983 年，这家英国航空业的霸主已经不复往日的辉煌，几乎在所有经营领域中都被对手击败，大量员工辞职，留下来的人也失去了希望。因为业务太少，所有员工终日无所事事，一心等着公司倒闭。任谁来看，这家公司都已经处在崩溃的边缘。但是，科林·马歇尔的到来让它重新焕发了生机。

科林·马歇尔空降到英国航空公司，成为总经理。他的第一感觉是公司的人心已经散了，如果放任下去，不管他做出怎样的变革，公司的情况都不会好转。他首先要做的是改变人员散漫的状况。他花费大量时间制定了计划，这个计划涉及每个人。

他要求所有航班必须干净整洁、窗明几净，服务人员要满怀热情。他改变了订票方式，开创了起飞前预定机票的模式。他让所有员工行动起来，并告诉他们："要坚持不懈地为客户提供最好的服务。"公司当时不需要那么多员工，他就开办培训班，让暂时没有工作做的员工去培训。为了保证员工们的活力，避免无所事事的情况发生，他经常四处巡视，有时候甚至会到托运行李的车上和司机聊聊。后来，他得到了一个称号——“无所不在的马歇尔”。

他的不懈努力让所有员工重新焕发出了活力，让这家濒临破产的老牌企业重新焕发出了生机，夺回了英国航空业霸主的位置。

凝聚人心不是一日之功，但“临时抱佛脚”未必没用。“临时抱佛脚”是一个贬义词，往往用来形容平时不努力，到了关键时刻才去求神拜佛的样子。管理好一个团队，绝非一日之功，天长日久的积累才是正道。但是有些情况比较特殊，例如领导接手团队的时间不长，或者团队中的新人较多，无法给领导较长时间去熟悉大家，凝聚人心。破罐子破摔显然不行，自己将所有困难扛下来也不那么容易，这时候最简单的方法就是“临时抱佛脚”。不要认为你和团队不熟悉，就不会有人帮助你，更不要因为不熟悉而抹不开面子。团队不是领导一个人的，每个人都希望团队发展得更好，也许你的员工正等着你开口，号召大家解决问题呢。

团队遭遇危机时，最需要关注的是人。让危机变得更加严重的是人，让团队走出困境的同样是人。

没有十全十美，更不存在万事俱备

现代人大多有五月病、拖延症，虽然从生理和心理上来说这都不算真正的疾病，但是对人们的生活影响很大。很多人在遇到事情的时候并不是选择着手解决，而是拖着，直到最后一刻，才被迫动手解决，结果往往为时已晚，造成很严重的后果。

拖延问题也是很多领导的心病。有个笑话说，假如美国断网一天，那么这一天所有公司员工的工作效率至少会提高60%。现实情况可能不会那么夸张，但是工作效率一定会极大提高。平日里工作效率低一些还好，但遇到重大问题，需要做出决断的时候，还拖延，后果就严重了。

很多时候人们不能马上做出决定的原因是心存侥幸，如同炒股一样。每个受过系统教育的股民都知道一件事——设立止损线。不管多么看好这支股票，一旦跌破止损线，就要马上卖掉。有多少人做到了呢？随便上网看看就知道，很多人在股市赔钱的原因就是没能及时止损，总是抱着侥幸心理。世界上哪有那么多侥幸，当局者迷、旁观者清，旁观者看着很傻的事情有些时候就会发生在自己身上。

李嘉诚第一次开办的工厂是长江塑胶厂，当时塑胶行业在全世界飞速崛起。凭借着一群毫无工作经验的工人和几台从国外购买的破旧机器，李嘉诚卖出了大量塑胶产品，可谓春风得意。为了更快地抢占市场，他减少了工人的培训时间，三班倒疯狂地投入生产。这种只顾数量不顾质量的生产方式很快显现出弊端，很多客户投诉他们的产品质量越来越差。李嘉诚没有重视这个问题，因为之前已经接了大量订单，延误交货是要罚款的。李嘉诚只得亲自监督工人工作，生产出勉强合格的产品。

即便成品非常粗糙，李嘉诚仍然心存侥幸，认为这批产品比之前的好一些，客户应该能接受。只要渡过眼下这个难关，他就马上调整生产方式，以质量为先。但是他没能侥幸成功，客户拒绝收货，并且要求赔偿损失。没多久仓库里就堆满了大量粗制滥造的塑胶制品。客户不肯收货，就没有货款，原料商又找上门来催款。发不出工人的工资，只好裁员，工人士气非常低落。

眼见工厂要倒闭，李嘉诚只好硬着头皮去找银行、供货商和客户，希望他们宽限一些时日，他不会欠谁一分钱、一件货。随后他又去工厂开展演讲，稳定工人的士气。这才渡过难关。

其实这件事情没有那么难，客户投诉产品质量差时，如果李嘉诚开始抓质量，即便晚点交货，客户也能谅解。但是他抱着侥幸心理，没有在第一时间解决问题，这才有了后来的破产危机。可见，侥幸心理多么要不得。

不管遇到什么危机，出了什么问题，都应该在第一时间拿出解决方案，而不是拖延，除非拖延是你的解决方案。作为领导，你更应该遇到问题尽快决断，因为你要为整个团队负责，无法在第一时间解决问题，跟着你倒霉的是团队中的所有人。

总有人在遇到问题的时候认为自己会有更好的解决方案，认为当下解决问题的方法还不完善。其实，世界上哪有十全十美的解决方案，即便你认为已经完美无缺，有些时候还是会出现意外。试想一下，如果拉里·埃里森和 IBM 的工程师一样，认为索引式数据库还不完善，不应该推向市场，就不会有如今的甲骨文。如果埃隆·马斯克认为航天技术多年以来都没有什么进展，不值得投资，就不会有如今的 SpaceX。世界上没有那么多十全十美的事情，更不存在所谓的万事俱备。

根据《英国十大首富成功秘诀》所做的分析，英国那些顶尖的成功人士，之所以能够取得远超常人的成功，并不能完全归功于他们的高瞻远瞩和深邃思想，更是因为他们在判断局势以后马上展开行动。这项能力是他们诸多才能中最了不起的一项，是他们能够超越旁人的根本原因。

当初的无畏，去哪了

背水一战，可以说是化解危机的终极方案。如果可以，没有人想面对如此巨大的危机，更不想背水一战。但是，危机不受我们控制，如果不慎遭遇了前所未有的困难，就必须要有背水一战的勇气和魄力。没有人能轻轻松松取得成功，人们看到的成功者，都是那些在危机中成功生存下来的人。

埃隆·马斯克离开 PayPal 之后，投资特斯拉、创建 SpaceX，投入了大量资金。当时所有人都觉得他疯了，因为之前马斯克所有的前辈都倒下了。马斯克创业的时候看不见任何曙光，不管是特斯拉还是 SpaceX 都没有为他带来任何收益，他所做的就是不断把钱扔进去。他的大手笔震惊了整个硅谷，大家第一次看见一位亿万富豪将自己的绝大部分资产投入到两个持续看不见回报的公司中。即便我们回过头来分析，也找不到马斯克的信心究竟来源于何处，只能认为他当时真的疯了。

随着时间的推移，马斯克的情况变得越来越窘迫。最开始他还想关掉其中一家公司，这样就能缓解经济上的压力，但是他思来想去没有放弃。他开始变卖房产，出售豪车，甚至已经计划好破产以后搬到岳父家的地下室去住。幸好，最后他成功了。

不管出于什么原因，越来越多的人向利益看齐，认为不管什么时候，损失越小越好。这种心态是理智的，同样是功利的。这种心态可能会成功，但是永远无法创造奇迹。敢于拿出一切去拼的人，才更有机会获取成功。

面对危机的时候，背水一战是最大的勇气，而且背水一战往往不是最坏的选择，犹豫不决地计较得失才会遭遇最坏的结果。

每个创业者刚刚踏上创业之路时，都一穷二白、一无所有，唯一不会缺少的是勇气。但是，当他们面临困境和失败时，虽然状况比创业初期好很多，却失去了当初的勇气，畏首畏尾。这是为什么呢？

缺少勇气的原因之一是害怕失败。

杰瑞是一家公司的董事长，在全球经济危机的冲击下，他的公司受到了重创，处在破产的边缘。出问题的不仅是他的公司，还有他本人。于是，他找到自己的大学导师，希望获得一些启示。

杰瑞的导师得知他的来意，没有给出具体的指示，只是让他来参加学校举行的一场比赛。比赛非常简单，每个选手面前都有几条路能够通向终点，用时最少的人就是赢家。杰瑞眼看着其他选手都出发了，在心中暗笑，这些年轻人根本不明白用时最少的办法是什么，如果迷失在路上不能回来，一定就是最后一名了。于是，他拿出一条绳子，一边栓在自己身上，另一边栓在入口的柱子上，这样即便遇到死路，也能够顺利回来。

杰瑞在第一条路上没走多久就碰见一片茂密的树林，怎么看都不像有路的样子，于是他顺着绳子回到了起点。第二条路如同迷宫一样，不管怎么走都不像是有出路的样子，于是他再次通过绳子回到了起点。第三条路并不复杂，但是走了一段以后，发现有一条大河拦住了去路。杰瑞没办法，只好再次回到起点。只剩下最后一条路了，杰瑞只好硬着头皮走下去。结果，他越过一座小丘以后，发现面前赫然是那片树林，艰难地穿过树林，又来到了迷宫。历经重重阻碍，杰瑞终于从迷宫中找到出路，来到了大河的面前。这个时候，杰瑞才发现这四条路其实是一样的，只不过遇到的障碍先后不同而已。杰瑞穿过大河来到终点时，发现所有人都到了，他是最后一个。

如果杰瑞没有绳子，没有退路，他会是第几个到达呢？可能仍然是最后一个，但一定不会比别人差太多。

江湖越老，胆子越小，随着不断成长，人会有越来越多不想失去的东西。其实，我们获得的东西不过是些筹码，获得的筹码越多，当你不留后路、孤注一掷的时候，获得的成功就越惊人。

缺少前瞻性、缺少远大的眼光，也是不敢背水一战的重要原因。

马云虽然已经从阿里巴巴首席执行官的位置上退下来，但仍然对阿里巴巴有着巨大的影响。这不仅因为他是阿里巴巴的创始人，更因为他一次次帮助阿里巴巴渡过难关，是阿里巴巴上下最值得信任的人。

阿里巴巴刚上市的时候，就遭遇了全球经济危机，股票一跌再跌，连马云自己都笑称阿里巴巴的股票没剩下几块钱了，阿里巴巴被迫迎来了自己的寒冬。阿里巴巴内部人心惶惶，很多人认为阿里巴巴应该改变经营策略，获得更多融资，只有资本更雄厚，才能熬过经济寒冬。但是，马云没有采用这种方式。这次依靠别人化解危机，那下一次呢？时间长了，控制阿里巴巴的还会是阿里巴巴团队吗？于是，他开始大力支持中小企业发展，持续追加投入。他认为，中小企业转型快，相比大型企业能够更快渡过经济危机。而这些中小企业一旦渡过了经济危机，就会反哺阿里巴巴，让阿里巴巴从根本上解决危机。这是一场关乎阿里巴巴生死存亡的抉择。最后马云赢了，他的眼光和勇气让阿里巴巴成功渡过了这次危机。

有些人的勇气来源于无畏，来源于与生俱来的勇敢，而有些人的勇气则来源于远大的目光，来源于对未来的预知能力，来源于强大的自信心。当你知道并且坚信未来能够发生什么的时候，你会畏惧赌上自己的一切吗？你不会，因为对别人来说这是一场赌博，对你来说却是一次机会，一次赢取胜利的机会。

背水一战是每个团队都可能面临的抉择，世界上那些名声响当当的团队，哪个不是在背水一战中生存下来，从此名声大噪，真正崛起。只是人们往往关注成功者的成功，很少关注他们失败以后会怎样。

6 员工怠惰？制造紧迫感

只有那些濒临死亡的团队才有资格怠惰。

衰败一定会到来，越成功越危险

日月盈亏、昼夜交替、生老病死是自然界不可改变的规律。这个世界上没有长盛不衰的事物，即便是我们生存的地球，也有生命耗尽的一天。企业的发展遵循自然界的规律，也遵循历史的规律，企业生生死死是常态，没有哪个企业能真正做到长盛不衰。

华为公司总裁任正非在《华为的冬天》一书中写道："十年来我天天思考的都是失败，对成功视而不见，也没什么荣誉感、自豪感，只有危机感。也许就是这样才存活了十年。我们大家要一起来想，怎样才能活下去，也许才能活得久一些。失败这一天一定会到来，大家要准备迎接，这是我从不动摇的看法，这是历史规律。"

福克斯影业是美国最主要的电影、电视和节目制作公司之一，成立于1935年，是好莱坞八大影业公司之一。这是一个不折不扣的庞然大物，不管是渠道、资本还是技术，都是行业内顶尖的。这家公司不仅是好莱坞的造梦工厂，更是无数人心中电影公司的重要代表。就是这样一家公司，也难免遭遇破产危机。1985 年福克斯遭遇了第一次危机，险些破产。传媒大亨默多克介入，斥资收购了福克斯，它才起死回生，为人们提供了无数优异的作品。获得巨资的福克斯风光无限，在 2014 年差点收购了另外一家好莱坞巨头时代华纳。但是，衰败再次到来了。2018 年 7 月，福克斯再次易手，被迪士尼收购。

衰败一定会到来。这样的想法悲观吗？纵观历史的发展，你会发现，这并非悲观，而是客观存在的、不可避免的历史规律。再强大的朝代也有更迭的时候，再繁盛的企业也有衰落的一天，危机是不可避免的。而一切由盛而衰的转折点，往往都着落于盲目的乐观与骄傲自满之上。

无论对于团队还是企业来说，树立危机意识都至关重要。让危机意识深入人心，能让团队对外界环境有强大的应变能力，真正做到未雨绸缪，不至于在危机来临之际手足无措。

20 世纪 90 年代初期，波音公司陷入经营低谷。长久的安逸让员工越来越懈怠，工作也失去积极性，波音公司的产量大幅下滑。领导层为了改变这一状况，想出了一个绝妙的主意——以毒攻毒。他们拍摄了一个非常另类的“宣传片”，内容是波音公司倒闭之后的“惨状”：

灰暗的天空下，工人们垂头丧气，拖着沉重的脚步一步步离开了工作多年的飞机制造厂。昔日熟悉的厂房上挂着一个牌子，写着四个字："厂房出售"。此时，扩音器中一个毫无感情的声音响了起来："今天是波音时代的终结，波音公司正式关闭了最后一个车间，卖掉了最后一项专利。"

这个另类的"宣传片"让员工们产生了极大的危机感，那一刻他们突然意识到，自己一直赖以生存的这个庞然大物并不像想象中那样强大，它也会有倒闭的一天，也会有衰败的时候。在这种危机感的驱使下，员工们变得越来越积极，恨不得把每一分钟都利用起来，避免让"宣传片"成为事实。经过全体员工的努力，仅仅在 1992 年这一年里，波音公司就削减了高达 1 亿美元的库存费用，并将经营成本降低了 30%。

拿波音公司的事情举例，并不是因为波音公司规模较大，更能够引起人们的关注，而是因为很多危机并非发生在那些不够成功的团队身上。恰恰相反，越是成功的团队，越容易出现危机。这不是耸人听闻，而是有其必然规律。

第一，越成功的团队，员工越容易怠惰。成功对于员工来说，意味着阶段性的努力取得了成果，意味着收入相对稳定。这些会给一个人带来什么？不管是安稳的生活还是日渐丰厚的收入，都容易悄无声息地消磨一个人的斗志。

中国新兴的互联网公司都拼命想在纳斯达克敲响钟声，但互联网行业巨头华为公司却始终没有这样做。任正非认为，上市对华为来说并不是一件好事。上市意味着华为团队中众多握有股权的高管，一夜之间就会成为亿万富翁。上市后，团队很可能会越来越怠惰，越来越失去最根本的奋斗精神。一个团队如果始终有朝不保夕的危机感，每一天的努力都是为了活下去，那么成功后就容易丧失拼搏的动力。

第二，成功的团队更容易轻敌。成功企业的员工相对更有自信，因为他们跑得比对手快，将别人甩在了后面。自信是好事，但过分自信容易傲慢。骄兵必败，一味地藐视敌人，容易错误地判断对手的实力，而变相高估自己的实力，一旦竞争对手迎头赶上，自己还沉浸在洋洋得意中，危机就来了。

第三，规模的膨胀速度超过了规则的完善速度。我们在之前着重强调过规则的重要性。如今互联网企业膨胀过快，很多团队从拿出一个创意到进行融资，只有几个月的时间，团队规模也在短短几个月内从几十人扩张到几百人。在这种情况下，过去的规则无法沿用，新的规则又不能及时制定出来，团队内部管理就容易陷入混乱，进而使团队遭遇危机。

第四，树大招风。一个团队在规模不大、还未取得成功的时候，几乎不会进入强大对手的眼帘，一旦取得成功，周围的环境就会完全改变。竞品接二连三出现，甚至有不少竞争对手凭借背后的雄厚资本一步登天。越是成功的团队，其经营方向和模式越容易被模仿。不管是打车软件、外卖软件还是共享单车，如今市面上剩下的产品都是在激烈的竞争中存活下来的。如果你有兴趣查看一下过去几年究竟有多少同类手机软件倒下了，你会发现，如今存活下来的还不到竞争最激烈时的十分之一。

可见，成功中往往隐藏着更大的危机，越是成功的团队，面临的危机也越大、越多。

危机固然可怕，但危机何尝不是一种转机？长久的安逸会带来毁灭，日益激烈的市场竞争中从来就不存在长治久安。

不怕对手多，就怕队友惰

西班牙人喜欢吃沙丁鱼，但这种鱼非常娇贵，对环境适应能力弱，离开大海之后会很快死亡。死的沙丁鱼和活的沙丁鱼在市场上的价差非常大，死去的沙丁鱼不新鲜，味道和口感都大打折扣，卖不上价，销量也不好。渔民们绞尽脑汁想办法，试图在离开大海之后延长沙丁鱼的活命期。

后来，有个聪明的渔民想到一个办法，大大提高了沙丁鱼的成活率。他在运输沙丁鱼的容器里加入了几个新成员——鲶鱼。鲶鱼是一种食肉鱼，是沙丁鱼的天敌。鲶鱼被放到容器中后，便四处游动去攻击和吞食沙丁鱼，遭遇天敌的沙丁鱼顿时活跃起来，卯足了劲儿四处逃命。就这样，在鲶鱼的追赶下，原本娇贵脆弱的沙丁鱼加速游动，保持着旺盛的生命力，活蹦乱跳地被渔民运到了港口的市场上。

沙丁鱼喜静，追求安静、稳定的生存环境，在运输过程中往往因无法摄入足够的氧气而窒息而亡。鲶鱼的“入侵”则打乱了它们的安逸和平静，在求生本能的驱使下，它们只能活跃起来，不断游动，逼迫自己去吸取更多氧气，结果反而活了下来。这一现象后来被人们称为“鲶鱼效应”。

人和沙丁鱼一样，也有惰性。在安逸的工作环境中待久了，人容易变得怠惰，甚至对工作产生厌倦情绪，进而影响个人、团队和企业的发展。管理者要想改变这一状况，就要懂得在必要时引入“鲶鱼”，给员工和团队施压，从而调动起员工和团队的积极性，增强企业的活力。

亚马逊是当今世界上最大的电子商务网站之一，服务遍及全球，但很多人不知道，它是依靠图书和音像制品起家的。亚马逊出现的时候并不是图书行业走下坡路的时候，而是图书行业的鼎盛时期。当时美国几乎每天都会有新书店出现，或是连锁店，或是个人经营的书店。亚马逊的出现颠覆了整个图书行业的发展模式，甚至可以说为按部就班、模式固化的图书行业引入了一条“鲶鱼”。亚马逊出现以后，美国所有大型图书连锁公司都不得不改变经营方式，将专一的线下销售改成线上线下共同经营。网络书店层出不穷，一时之间几乎所有图书都能从网上以低廉的价格买到，图书的销量大大提高。

这就是“鲶鱼”的力量。为团队引进一条“鲶鱼”，相当于为团队营造了一个强而有力的竞争环境，这样的环境容易让员工产生危机感，更积极主动、全身心地投入到工作中。

积极的竞争与适度的压力对人们而言是有好处的，一个有上进心的人，最怕的不是对手太多，而是没有对手。没有对手就意味着没有竞争，没有竞争人就容易失去动力，同时也会看不清自身的缺陷，从而停滞不前，很难再进行自我提升。很多能力出众的员工在安逸的工作环境中待久了，会抱怨工作没干劲儿，其最重要的原因就在于缺乏竞争对手。试想一下，如果你身边有一个强有力的竞争对手，你时时刻刻都担心被对方超越，哪里还有时间感到无聊、没劲呢？

很多管理者正是利用人的这一心理来调动员工的积极性，激励他们不断提升工作能力。这种方式确实有效。温哥华一家航运公司的总经理琼斯先生就是用这样的方式激励团队成功完成了生产指标。

在此之前，琼斯先生为使工人们顺利完成生产指标想尽了办法，比如加大奖金力度、延长工作时间等，都收效甚微，这让琼斯先生一度很苦恼。直到有一天，琼斯先生到船厂时，恰逢换班时间，上晚班的工人正打算离开，琼斯先生看着挂在墙壁上的一块小黑板突然灵光一闪，问道："你们今天一共完成了多少个生产单位？"

"6个。"准备离开的工人回答。琼斯先生点点头，拿起粉笔，在小黑板上写了一个大大的"6"字。

前来上白班的工人一进车间就看到了这个醒目的"6"字，好奇地四处打听究竟是什么意思。得知这是夜班工人完成的工作量后，他们什么也没说，心里却暗暗较上了劲。等到晚上交班时，他们将“6”字擦去，写上了一个大大的“7”字。

就这样，两班工人被这块小黑板调动起了工作热情。结果显而易见，工厂的生产力明显提升，生产指标顺利完成。

随时被踢出局，谁能高枕无忧

过于安逸的工作环境容易让人失去前进的动力。在很多员工的观念中，公司和自己关系不大，自己只是一个打工者，做好分内的事情，拿到应得的薪水，就足够了，不需要想太多。实际上，这样的观念恰恰是“囚禁”人们的枷锁，很多人明明拥有更强的能力，拥有成功的可能，却在日复一日、年复一年的安逸和蹉跎中平庸度日。

管理者不可能从根本上扭转每一个员工的想法，为了激发他们的斗志和潜能，调动起工作积极性，只能选择直接且有效的方式：增强危机感。

自然界的进化规律是优胜劣汰、适者生存，这一法则虽然残酷，但正因如此，地球上的物种才会为了生存不断进化，让自身的基因变得更优秀、更强大。在企业中，优胜劣汰、适者生存的法则同样适用。竞争是惨烈而残酷的，但竞争也是促进个人、团队与企业“进化”的有效手段。

百事可乐公司前总裁韦恩·卡洛韦接受采访时，有记者问，百事可乐是如何取得成功，并在国际市场上一直保持长盛不衰的？卡洛韦的回答是，坚持优胜劣汰的用人法则。

卡洛韦表示，在百事可乐公司工作是一件很有压力的事情，没有任何一个员工会感觉高枕无忧，因为你每天都在接受考核，甚至随时可能被“踢出局”。

卡洛韦对他手下的员工几乎了如指掌，因为他必须亲自为下属的各类员工制定合理的能力标准，并至少每年对这些员工评估一次。假如有员工无法达到标准，公司会给他一段时间调整，并再次进行考察，如果考察依旧无法通过，恐怕只能说“再见”了。达标的员工也并非绝对安全，因为达标之后，公司会在第二年提高对他的要求。这就意味着，无论你是否能够达到标准，想要在这里生存下去，只有一个办法，就是不断进步。

百事可乐公司对员工的评估标准通常有四个档次，根据标准不同，这些员工被分为四类：第一类，最有机会得到晋升的优秀者；第二类，能力尚可，有晋升机会，可做储备人才；第三类，还需在现有岗位上多磨炼，或接受一些专门培训；第四类，能力较差，有淘汰的可能。

无独有偶，中国家电第一品牌海尔集团在用人方面同样奉行优胜劣汰法则。为了激发员工的好胜心和进取心，海尔集团把企业变成了“赛场”，每一个员工都是参赛者，并提出“变相马为赛马”的理念。

海尔集团的“赛马”理念遵循三条原则：

第一，公平竞争，任人唯贤；

第二，适职适能，人尽其才；

第三，合理流动，动态管理。

海尔集团给每一个员工提供了相同的机会，在海尔，不看年龄、不论身份、不排资历，你只要有足够的能力，就能得到相匹配的职位，你只要有本事爬上舞台，就有机会在上面一展所长。这同时意味着，不管你爬得多高、待得多久，只要有片刻松懈，被别人赶超，便有掉落下来的可能。

通往成功的道路注定是残酷的，犹如千军万马过独木桥一般，只有足够强悍的人，才能抢到成功的机会。

当然，需要注意的是，任何事情都不能走极端，竞争同样如此。适度竞争能够促进彼此进步，过度竞争则容易引发员工之间或团队之间的矛盾。优胜劣汰制是以竞争作为基础的，对此，管理者一定要谨而慎之，避免矛盾激化。

末位淘汰制是目前大部分奉行优胜劣汰用人法则的企业常用的一种制度，相对而言较为温和，也更容易控制。管理者在一定期限内按照一定的标准对员工进行考核，并根据考核结果来排位。对处在末位的员工，公司会给予一定惩处。

我们奉行优胜劣汰用人法则，主要是为了让员工有危机感，帮助他们树立危机意识，而不是为了让人员流失。所以，在采用末位淘汰制时，很少真的淘汰一个人。我们通常会给排在末位的员工设定一个“观察期”，如果对方在观察期内表现出色，则有机会重新排位，上升到“安全”的位置。如果对方没有任何改变，只能“退位让贤”。当然，“退位”也未必代表辞退，公司也有可能为该员工安排更合适的岗位。

总而言之，优胜劣汰、适者生存的法则是激发员工竞争意识的一种有效策略，能使团队充满活力。

有一种伤害叫“护犊子”

一个卓越的领导者必然懂得放权。领导站在高处，负责统筹全局，不可能事无巨细，这时候，适度放权十分必要，既能减轻自己的负担，将更多精力放在更重要的事情上，也能让下属拥有更多发挥才能的空间。

需要注意的是，放权的同时更要“放责”。工作中出现问题，作为决策人，领导必定负有责任，但这不意味着下属就不需要承担责任。事实上，当你将手中的权利下放后，责任伴随着权利也落在了下属头上，你要让他明白，权利与责任是分不开的，拥有多少权利，就得承担多少责任。

有的领导特别有“大哥风范”，遇到事情喜欢冲到前头，为团队遮风挡雨。这样做固然可以收拢人心，但从长远来看，对团队的发展极为不利。如果领导将所有责任大包大揽，让下属行使权利却不需要承担责任，久而久之，下属的行为会越发放纵，甚至对犯错不以为然。长此以往，不管是员工还是团队，都得不到良好发展。

老王是某公司销售部的经理，是个非常惜才且“护犊子”的人，公司里很多人才都是老王一手提拔上来的。

小林是老王近来最器重的员工之一，他进入公司不到两年，非常有天赋，还很谦虚好学，工作表现一直十分突出。可是再优秀的员工也难免有犯错的时候，小林也不例外，偏偏小林这次犯的错还真不小。

事情要从年前说起。公司规定，员工没有权限直接从仓库调货给客户，必须通过一些繁琐的手续，但因为小林销售业绩突出，又深得老王器重，年前老王专门给小林下放了一个“特权”，让他直接从仓库调货发给客户。获得这个“特权”不久，小林就不负众望地签下了一笔大订单。但由于疏忽，小林把一批去年年底的压货当成新货发给了客户，客户收到货勃然大怒，直接向总公司发起了投诉。

这次失误不仅给公司造成经济损失，也让公司的信誉大打折扣。为了安抚客户，尽量消除负面影响，总公司领导不得不亲自出面向客户道歉，除了安排换货之外，还赔偿了客户的损失。这件事让总公司高层震怒，决定对小林进行严厉处罚。

之前说过，老王是个非常“护犊子”的人，况且小林的“特权”是他给的。得知领导层的决定，老王决定把所有责任揽到自己头上。

但是，小林没有接受他的“庇护”，在公司例会上主动站出来，检讨自己的错误，并表示愿意接受一切处罚。小林说：“王经理看重我、信任我、放权给我，我觉得非常高兴，但这一次，是我辜负了经理的期望。这一次事故完全是因我粗心大意造成的，不仅损害了公司的利益，还影响了公司的信誉，这都是我的责任，我愿意对此负责，也愿意接受公司对我的一切处罚。”

小林的坦承和良好的认错态度让总公司的领导非常满意，最终只按照规定对其进行了罚款处理，并未追究其他责任。

小林确实是一名非常优秀的员工，除了具有卓越的工作能力，更重要的是他懂得对自己拥有的权利负责任。至于老王，他是个好领导，但某些方面也是不合格的。领导要做的是帮助下属成长，一味保护不可能让对方成长，最终保护反而变成一种伤害。

那么，“放责”究竟有哪些好处呢？

首先，承担责任能够激发员工的进取心。责任意味着压力，适度的压力往往能够转化成前进的动力。明确责任之后，员工对努力的方向会有更加清晰的认识，此外，为了避免出现问题，员工也会更加积极进取，努力完成任务。

其次，承担责任能够促使员工更快成长。背负责任会让员工全力以赴地完成任务，在此过程中，他的潜力容易被激发出来，这对员工的进步与成长有极大好处。

最后，承担责任能够让员工更加谨慎，降低出错率。人在越危险的环境中，警惕性越高，犯错率越低；相反，若是环境平稳安逸，人容易松懈下来，犯错几率也会提高。这也是很多人大风大浪都能挺过去，却在“阴沟里翻船”的原因。而肩负责任能够让人产生危机意识，做事时会小心谨慎，减少错误和意外的发生。

西点军校有这样一句名言：“没有责任感的军官不是合格的军官，没有责任感的员工不是优秀的员工，没有责任感的公民不是好公民。”一个优秀的领导者，不仅要懂得放权，更要懂得“放责”。

“危机感”可能带来毁灭

让员工产生危机感，最直接有效的方式是引入竞争，但需要注意的是，管理者一定要时刻掌控竞争的情况，否则一旦失控，良性竞争变成恶性竞争，“危机感”恐怕要变成企业真正的危机了。

为了让员工有紧迫感，某公司制定了一系列策略来促进员工之间的竞争，无论是评定职称、升职加薪还是奖金发放，都要进行竞争。原则只有一条：用实力说话。

起初，这种方式确实效果明显，员工们为了获胜卯足了劲儿表现自己，企业上下工作积极性暴涨。但这种过于激烈的竞争方式很快显现出了弊端，公司内部被搞得乌烟瘴气。

事情还要从几个月前说起。那时，公司空出一个职位，领导选出了八名符合条件的候选人，宣布以两个月为限，让他们竞争，公司会对他们进行考察，两个月之后正式宣布获胜者。

这八位候选员工无论是在资历还是在业绩上都相差无几，每个人都非常优秀。为了赢过对方，大家的工作积极性非常高，工作效率也达到了前所未有的高度。但一个星期后，这八个人之间的竞争逐渐显现出浓重的火药味，为了获得这个职位，他们从最初的想办法表现自己，已经转变为想办法打压别人。

为了让对方失去竞争资格，他们开始互相拆台，甚至偷偷写匿名信向领导举报和告密，彼此之间的矛盾也越来越深，不是在背后说对方的坏话，就是故意在工作中找对方的麻烦。不久后，这几人的业绩迅速下滑，公司也被他们弄得乌烟瘴气。

竞争是一把双刃剑，用好了，能促进彼此进步，提升工作的积极性和效率，把控不好，容易让员工在竞争中滋生阴暗的嫉妒心理，导致伤人害己的恶性结果。恶性竞争对个人和团队极为不利，它会使员工之间相互猜忌，破坏凝聚力。更重要的是，恶性竞争导致的糟糕的人际关系必然会分散管理者的精力，占用管理者的时间，如此一来，可能影响公司的正常运行。

所以，开展竞争的时候，管理者一定要谨而慎之，关注员工的心理变化，一旦发现苗头不对，要及时采取措施，掐断导致恶性竞争的根源，别等危机感变成危机之后才追悔莫及。

在引导团队展开良性竞争、避免恶性竞争时，需要注意以下几个方面：

第一，鼓励员工以争取团队荣誉为目标。竞争固然重要，合作也不能少。在培养员工竞争意识的同时，也应当注意培养员工之间的协作精神。比如，引入竞争时，除了考虑到个人竞争，更要着重强调团队之间的竞争。再比如，制定目标时，可以考虑将部门的总业绩与员工的实际收入挂钩，让员工切实感受到团队荣誉与自身的相关性。

第二，避免“一刀切”式的竞争。企业需要竞争，但不能过分强调竞争。引入竞争是为了促使员工进步，切不可本末倒置。员工与员工之间，团队与团队之间，归根到底还是要团结协作，因此，为了尽可能避免在竞争中产生矛盾，千万不能搞“一刀切”式的竞争。管理者应考虑到员工之间的个体差异，最好把竞争控制在小范围内，以免激化矛盾。

第三，公平、公开，机会均等。良性竞争的前提是公平，如果管理者不能保证竞争的公平性，不能为每一个参与竞争的员工提供均等的机会，竞争必定会激化矛盾，把彼此推向对立面。如此一来，不仅无法提升员工的工作积极性，反而可能破坏凝聚力。

第四，培养正确的竞争意识。要避免恶性竞争，管理者一方面要时刻把控竞争情况，另一方面要帮助员工调整心态，培养正确的竞争意识。管理者应该时时提醒员工，不要把对手当作仇敌。一旦发现员工存在恶性竞争的行为，管理者应给予严厉的批评教育，避免姑息养奸。把原则立起来，才能形成威慑力。

竞争是促使人进步的动力，但竞争之外，合作也是非常重要的课题。缺乏合作的竞争是有害无益的，只有将竞争与合作相结合，找到最佳的平衡点，才能达成利益的完美统一与双赢。

7 想方设法激活每一个人，不激活等于浪费

不要低估任何一个人。给每个人机会，把庸才变成将才。

压缩人力成本是不明智的

某知名电影中有这样一句台词："21世纪什么最贵？""人才！"

在企业管理中，人是永恒的话题，同时也是永恒的难题。人是企业最宝贵的资源，把人管好，让其发挥出最大优势，是每一个管理者都在研究的课题，也是企业发展壮大的关键所在。

"人事管理"这一概念是20世纪初期出现的。当时，一些受企业、政府部门聘用的管理人员、科学家和工程师等，从提高经济效益和工作效率的角度出发，通过总结和运用历史上的一些人事管理经验，把解决劳动管理的问题上升到了科学管理的阶段。自此之后，人事管理开始了漫长的发展与进化过程。

1954年，德鲁克在其著作《管理的实践》中第一次明确提出了"人力资源"这个概念。在此之前，人们一直都认为人力是管理的成本，自此之后，人们明确地了解到，人力于企业而言是最宝贵的资源，是为企业创造收益、节约成本、帮助企业发展壮大的宝藏。

但是，即使到了现在，在一些现代化的企业中，管理者依旧容易犯一个错误，就是将人力看作成本，总是在为如何节约人力成本绞尽脑汁。当然，从逻辑上来说，帮助企业节约成本没有错，成本意味着付出，在保证收益的前提下尽可能压缩成本，能让企业获得最大利润。员工也的确是企业的一种成本，毕竟每雇佣一个员工，企业都要付出相应的报酬。但同时，员工也是企业的资源，压缩人力成本就意味着压缩企业的资源，而这对企业发展来说往往有害无益。

20 世纪 90 年代堪称微软公司扩大发展的黄金时代。这一时期，微软公司的发展速度十分惊人，而这主要仰赖于完备的员工培训机制。这一机制避免公司出现人才断层，使微软的员工得以与公司实现共同发展、共同进步。

业内人士都知道，微软对培训新员工向来舍得下“血本”。为了让新来的员工更快地融入微软，公司通常会安排熟练员工对新员工进行教导，这些熟练员工包括某些领域的专家、正式的指导教师以及部门的主管、组长等，这些人在做好本职工作的同时，也要担负起指导新员工的工作。

在培训程序经理时，微软公司通常会先安排一些单独的工作给新员工，完成工作的过程中，会有熟练员工从旁给予密切指导，直至新员工熟练掌握这项工作。之后，公司会安排新员工进入小组从事类似工作，关注和指导也逐渐减少。一段时间之后，如果没有大问题，新员工便可以去做一些小项目，或者参与一些大项目中的部分工作。此外，这些新员工还有机会接受正规的技能培训。公司还会在内部不定期举行“蓝碟”午餐会，在午餐会上，一些经验丰富的老员工会和大家分享自己的工作经验。

对于开发领域的员工培训，微软更是十分重视，除了有更正规的定向培训之外，公司还会安排员工上实习班，让员工在实操中提升专业能力。

为了保证微软公司优质的服务质量，公司对售前、售后技术支持工程师的培训同样非常重视，除了接受某些产品的专业知识培训，他们还要接受有关交际技巧的培训。

这些面面俱到的培训方法，为微软培养出了一代更胜一代的作战精英，让团队在不断积累经验的同时始终保持着惊人的战斗力。

微软公司培训机制的最成功之处在于，他们始终遵循一条原则：以人为本。微软公司舍得投入大量时间与精力，因人而异、因地制宜地给不同工作领域的员工制定相应的培训计划。这种方式需要的成本投入不低，取得的成效也非常惊人。

日本著名企业家稻盛和夫一直非常重视人才培养，他曾说：“你的同事和你必须要视员工为最重要的资源。”人才是企业发展壮大的重要资源，只有对员工充分尊重，才能让员工在工作岗位上发挥潜能，从而有效提高企业的生产力。稻盛和夫正是做到了这一点，才屡屡带领团队创造出惊人的业绩。

对于企业来说，员工最有价值的不是他们付出的劳力，而是他们的头脑和心灵。想要最大限度地发挥人力资源的优势，你要懂得照顾好员工的头脑和心灵，这比一味强逼员工“干苦力”有用得多。

切记，人力是资源，舍得投入，才能创造更多收益。

人才靠抢，不如自己培养

企业无人，便是“止业”。

对于企业来说，人才链条不能断。基层缺少人才，企业的整体效率会降低；中层缺少人才，企业上下的沟通和管理容易出现纰漏；高层缺少人才，整个企业的发展会受限。

新兴行业对人才的需求更是迫切。如今互联网行业正在以惊人的速度发展，几乎每天都有人提出新点子、新的经营方向和模式。提出创意的人不可能自己完成所有事情，这时找到并肩作战的人才就显得非常重要。一些新兴行业比如自媒体、知识付费等在全世界都很难找到现成的人才，就连在国外已经形成产业的电子娱乐业，在我国也是刚刚起步，为这些行业培养人才的学校凤毛麟角。新兴行业是一片蓝海，是一片没有人涉足的资源丰厚的领域，但是资源再丰富，也需要有人去挖掘，才能从中获利。没有人才，所谓的蓝海不过是一片能看不能动的死海。

企业能否发展壮大，在激烈的竞争中存活下来，网罗人才的能力至关重要。只是道理谁都懂，现成的人才却不好找。已经打磨完的人才就像璀璨的珍珠，人人都能窥见其价值，争夺自然激烈。通常来说拿出来就能震慑四方的人才，都是“有主之才”，想要抢夺过来并不容易，付出的代价也不会小。即便你抢夺到了高端人才，也不意味着一定能留住他。在如今这个时代，人才流动非常大，企业需要人才，人才也有自主选择的权利。

其实，网罗人才的方式有很多，可以抢，也可以自己培养。人才在成才之前，也是不起眼的小人物，隐藏于团队中。如果现成的人才很难找，不妨多找找潜在的人才。

二战时期，同盟国之所以能在几年之内迅速战胜当时正如日中天的德意日轴心国集团，有一个人功不可没，那就是美国军事历史上的著名将领艾森豪威尔，他为二战的胜利做出了非常大的贡献。而艾森豪威尔之所以有这样一个发挥才能的机会，多亏了他的“伯乐”——时任美国陆军总参谋长乔治·马歇尔将军。

珍珠港事件爆发之后，美国上下同仇敌忾，要求美军将战争重心转移到太平洋战场，先一鼓作气击败日本再去对付希特勒。但罗斯福总统和马歇尔将军商议之后认为，从大战略来考虑，美国还是应该先把矛头对准希特勒，清除欧洲战场的危险，再回过头去打日本，这个时候把武装力量化整为零地转移到太平洋战区，显然不合时宜。

1942 年 4 月，马歇尔将军访问英国，令艾森豪威尔陪同，他们一起到英国做实地考察，设立美军指挥机构，用以处理日后征兵等事务。那时候艾森豪威尔只是个名不见经传的小人物，刚刚晋升为少将，但马歇尔将军已经注意到了他的军事才能，对他十分看重。

6 月，艾森豪威尔向马歇尔将军递交了一份关于美军在欧洲作战、各军兵统一指挥问题的报告，并对他说："将军，还请您仔细阅读一下这份报告，看是否有错误或者不恰当的地方。"

马歇尔回答："我会阅读，但或许你将是执行这个计划的人。如果真是这样，你决定何时飞往伦敦呢？"

马歇尔的话让艾森豪威尔非常震惊，这无异于把将来奔赴欧洲战区作战的美军统帅职位许给了艾森豪威尔。对此，很多人觉得十分意外，毕竟那时候的艾森豪威尔在大部分人眼中只是一个不起眼的小人物。

马歇尔十分看重他，并在提交给罗斯福总统的提名报告中写道："艾森豪威尔不仅在军事方面具有丰富的学识和组织才能，而且总能让别人心甘情愿地接受他的观点，并真心地信赖他。这些品德与长处正是我们驻欧洲军队的统帅必须具备的素质。"

有了马歇尔将军的大力举荐，艾森豪威尔脱颖而出，并越过他身前的 366 名美军高级将领，成为美国历史上继潘兴将军之后第二位远征欧洲的统帅。

奔赴伦敦上任之后，艾森豪威尔正式成为二战中北非与欧洲战区的重要指挥者。肃清危险之后，他立即将北非和欧洲战区的法西斯全部赶走，并策划了诺曼底登陆计划，成功开辟了欧洲的第二战场。

艾森豪威尔对二战胜利作出的贡献不容小觑，但成就艾森豪威尔的人却是马歇尔将军。如果没有他的远见卓识，艾森豪威尔也许不会有机会展现自己的才能。

这个世界从来不缺少优秀的人，真正缺少的是一双慧眼识珠的眼睛。现成的人才固然好，却不容易找到。为了确保企业的人才供应，与其花费过多的时间和精力去寻找稀缺的人才资源，不如建立一套完善的人才培养机制，多给年轻人机会，发现潜力股。

毛泽东曾对在莫斯科留学的中国学生们说过这样一段话：“世界是你们的，也是我们的，但是归根结底是你们的。你们青年人朝气蓬勃，正在兴旺时期，好像早晨八九点钟的太阳。希望寄托在你们身上。”

江山代有才人出，无论哪一个领域想要不断向前发展，都要不停地有新鲜血液注入，不可能单靠哪一些或者哪一辈人去奋斗。再优秀的人才也终有老去的一天，而一个企业想要保住自己的辉煌，就得有年轻的人才前赴后继用自己的能力撑起企业的运转与发展。

究竟该去培养谁?

世界上并不缺少“潜力股”,缺少的是发现“潜力股”的眼睛。培养人才，从某个角度上来说，与买彩票相似，在最后刮奖之前，谁都无法预测手中能拿到几等奖。不过，相比中彩票的微小概率,培养人才的收益要大得多,即便你无法培养出一个“大才”，能为企业培养一群“小才”也是值得的。

我们无法未卜先知，不可能在茫茫人海中一眼瞟过去就找到那些蒙尘的“珍珠”，但在甄选值得培养的对象时，也并非无迹可寻。总的来说，筛选“潜力股”时，有两个大原则一定要把握：一是，人品比才华重要；二是，适合比优秀重要。

先说第一点，人品比才华重要。

部队征兵时，始终把人品作为第一标准，为了保证入伍的新兵人品端正，每一个应征入伍的人都要经过严格政审。这样的环节看似繁琐且费时费力，但正因为筛选条件严格，才保证了人民子弟兵的高道德水准。如果让一个危险分子混入军队，后果非常严重。美军就曾出过一起事故：一个美国人躲过审查制度混入军中后被委以重任，结果后来，这个军人在阿富汗残忍地枪杀了16个阿富汗平民，对美军的国际形象造成了严重的负面影响。

同理，一个团队如果混进了人品不佳的人，也可能对企业造成非常严重的损害，甚至直接影响企业的生存和发展。

通用电气首席执行官韦尔奇曾说："那些人品好、工作能力又强的人，可以留下来作为公司领导层的后备人才培养；那些人品好、工作能力却一般的，也可以留下培养，力求提高他们的工作能力；那些人品不好但非常能干的，坚决不能要。对一家公司而言，员工的品质才是最重要的。"

所以，在选择培养对象的时候，人品往往比才能更重要。一个人品上佳、才能略显平庸的人，即便无法为团队做出什么大贡献，也至少不会损害团队的利益；而一个才能卓绝、人品却有问题的人，总有一天会成为团队的害群之马，甚至给团队造成不可挽回的损失。

再来看第二点，适合比优秀重要。

很多管理者在甄选人才的时候，重点关注对方的能力，觉得越是优秀的人越值得培养。这个逻辑没有错，问题是该用什么样的标准去评判一个人能不能干、优不优秀呢？

一家物流公司发生过这样一件事：一天，两个人到物流公司来应聘司机。一个人表示，自己有开长途客运车的经验；另一个人则表示，自己以前是开赛车的，还获过奖，技术非常了得。很显然，单从开车技术上来说，开赛车的应聘者肯定比开长途客运车的应聘者优秀得多。但最终，物流公司留下了那位有开长途客运车经验的应聘者。面试官的理由是："公司需要的是最合适的司机，而不是最好的司机。做物流运输，安全、稳当是最重要的，相比开赛车的'冒险者'来说，跑长途的司机显然更符合要求。"

一个人不可能适合所有工作岗位，而一项工作也不可能适合所有人去做。一家企业由多个不同职能的部门组成，而每个部门里又有各种各样的员工，只有把合适的人放在合适的位置，才能发挥出他的最大效用。培养人才同样如此，合适与否比个人能力的强弱更重要，如果不合适，对方再怎么优秀，也无法为团队创造好的收益。

中国台湾塑胶集团的领导者王永庆是个非常惜才的人，对人才的要求一直非常高。早年，台湾人才资源十分匮乏，为了获得优秀的人才，他不惜高薪聘请一大批外国留学生。结果，这些人来到台湾之后，因为"水土不服"无法安心工作，做出的业绩还不如当地聘用的普通员工。

后来，王永庆总结出了一条经验：选择中等人才。他认为，中等人才虽然不是能力最强的，但往往是与企业兼容性最高的。中等人才有一定能力，经过培养之后可以很快投入工作。他们的心态往往更平和，不会像那些极富才华的人一样，容易沾沾自喜，对工作期望过高。比起那些高端人才，中等人才往往更加谦虚谨慎、务实好学，重视公司安排的职位，这样的人往往能够取得更好的业绩。

用人就像穿鞋，穿着舒服、走起路来稳稳当当的“鞋”才是最好的。徒有光鲜亮丽的外表，却不合脚，即便能引来别人一时关注，也注定无法走得长远。就像联想集团，他们在甄选人才时秉承的理念是：“用的人才都是适合联想的，但并不一定都是最优秀、最好的人才。”

人才匮乏，先问责自己

英国著名管理学家德尼摩曾说：“任何人都有他最合适的位置，只有将一个人放在适合他的位置上，才能发挥出他身上的潜能。”把每一个员工放置在合适的位置上，让他们发挥出最大优势，是一名合格的管理者需要做的工作和应负的责任。如果你觉得手下人才匮乏，不妨检视一下身边是否有潜藏的人才资源，是否未能将他们放在合适的地方。

某著名企业的人事总监 Leo 在接受采访时，和记者分享了一个他亲身经历的故事：

那时他刚升任人事主管，手底下有个非常老实的员工，做事特别踏实，就是不爱说话，有点执拗，遇到不懂的事也不会去请教别人，所以工作业绩一直不太好。

这样的员工领导都不会太喜欢，他们能创造的价值实在太小。但他一直遵守公司的各项规章制度，上班也没有迟到或早退，交给他的工作虽然完成得没那么出色，至少能忠于职守。Leo一直不太喜欢他，但也没打算辞退他。到底让他做什么工作呢，总不能让他清闲地领工资吧？这个问题让Leo一直很头疼。

恰好那个时候，公司的仓库出了一些问题，急需有人去看管，Leo就把那个老实的员工派去管理仓库了。管理仓库的工作非常枯燥，没有多少人能耐得住寂寞，之前负责这个工作的员工就是因为常常跑去和别人聊天，才被人钻了空子，导致仓库出了纰漏。

令Leo感到意外的是，这个老实的员工竟然十分适合做这项工作，他是个非常忠于职守的人，也不爱和人打交道，加之为人执拗，做事一板一眼，让人根本没有机会钻空子。后来，他成了公司最优秀的仓管员。Leo很庆幸，当初没有因为他的小缺点贸然把他辞退，否则不知道什么时候才能找到这样合心意的仓管员。

“天生我材必有用”，世界上不会有人是纯粹的“废物”，只要放对位置，每个人都能发挥出最大效用。正如这个老实的员工，你若让他去做推销，和客户打交道，恐怕真的是“一无是处”，可让他管理仓库，他却能把一切管理得井井有条、滴水不漏，比那些为人灵活、巧言善辩的人更适合这个职位。

中国有句俗话：“骏马行千里，犁田不如牛。”这句话很容易理解，意思是骏马虽然厉害，能够日行千里、征战沙场，但若是把它们拉去田间耕种，却远远不如普通的黄牛。人也是一样。是金子在哪里都会发光，这句话不假，但是给金子一个更好的环境，他能够散发出更灿烂的光辉。阿里巴巴创始人马云曾一度成为亚洲首富，淘宝网、天猫网都与人们的生活息息相关。但是，马云在成功之前失败了多少次呢？不管是上学还是就业，他花费的时间都比其他人都长。后来马云成为英语教师，展现出了才华，但他不是什么明星教师，更不是大学中那些受人敬仰的教授，如果他继续做这份职业，至多会成为一个很好的英语教师。而当离开教师这个位置成为一个生意人之后，他便很快大放异彩。他卓越的见识、深远的思想、超前的行事手段，都成为阿里巴巴崛起的必备条件。

人才要放在合适的地方，这个道理已经明了。但是，如何去做这件事情成为了一个难题。所谓知易行难，就在于此。下面，我们来说两种最简单的人才配置方式。

第一，从性格判断。人的才能与性格关系密切，所以人们经常说性格决定命运。一个个性跳脱、活泼好动的人，很难胜任仓库管理类的工作，强行将他放在这个岗位上，他只会心猿意马，而不是想办法更好地完成工作。而一个性格内向、不喜欢说话、喜静不喜动的人，期望他日出千言，成为一个出色的业务人员，也是一件非常困难的事情。

第二，从爱好判断。孔子说，知之者不如好之者，好之者不如乐之者。想要干好一件事，必须要喜欢这件事。都说“干一行爱一行”，干上这一行，接着爱上这一行，最终才能做好这份工作。但是，如果真的爱不上呢？现代社会和过去不一样，人们的生活节奏越来越快，过去跳槽是一个重大的人生决定，如今已经成为年轻人的家常便饭。据某招聘网站统计，不少年轻人在两年中换工作的次数超过五次。将一个人放在他不喜欢的位置上，必然会造成这种结果。所以，我们不妨将“干一行爱一行”反过来使用，将员工放在他们喜欢的位置上，观察一段时间看看他们能否发光发热再做其他决定。

每个人都有优势和劣势，一个人看起来是“废物”，未必意味着他真的一无是处，可能只是他所处的位置不对。管理要做的正是把每一个人安置在合适的位置上，让他们将潜能完全发挥出来，而人才也正是这样一点点被雕琢出来的。

不要无所不能的英雄

不管在哪里，资源往往都向优秀者倾斜，这是一件很正常的事。毕竟，培养一个优秀的、有潜能的人往往比培养一个平庸的人获得的收益更大，而这期间付出的时间与精力可能相差无几。所以，无论从哪一个方面考虑，领导层都更愿意把注意力放到那些表现优秀的人身上。

但是，一个企业或者一个团队讲究的是团结合作，不能只靠个人的能力支撑。就像一支军队，精于谋略的将帅固然重要，但没有冲锋陷阵的士兵，也不可能在战场上所向披靡。所以，培养人才，应该培养的是一个团队，而不仅仅是某一个人。

联想"教父"柳传志在一次采访中表示，他非常喜欢拉法埃洛·乔万尼奥里的长篇小说《斯巴达克斯》，其塑造的人物斯巴达克斯更是给了他很大的震撼和启发。柳传志说，斯巴达克斯建立了一个方阵，这个方阵里有各种各样的人，有最骁勇的角斗士，也有最懦弱的奴隶。就是这样一支“杂牌军”，在斯巴达克斯的手中，锻炼成了一支拥有强大战斗力的团队，甚至将精英云集的古罗马军团杀得毫无还手之力。

“斯巴达斯克方阵”让柳传志意识到团队力量的伟大，同时也让他意识到，看似最懦弱无用的人，只要放在合适的位置上，也能发挥出巨大的效用。他一直希望在公司建立这样一个方阵，培养这样一群人才，而不仅仅是某一个优秀的干部或员工。

正因为有这样一个理念，在公司管理方面，柳传志一直以“培养团队”为目标，而不是把资源倾斜向某一个“接班人”。

1994 年，柳传志在联想建立了总裁办公室，这个办公室并非专属于某一个人，而是由一群人共同使用。经过仔细的考察和筛选，柳传志从公司抽调出一批可塑性强的人才，其中有企业一线业务部门的经理，也有负责后方工作的经理。每次公司有决策项目，他都把大家召集到总裁办公室开会，当然，柳传志本人也一定会出席。在这里，他们畅所欲言，交换各自的意见，甚至常常因为某一个问题得不到解决而不厌其烦地讨论，争执不休。

凡是被柳传志选中进入这个办公室的人，都觉得自己获益匪浅。更重要的是，在探讨和争论中，他们对公司的发展情况了解得越来越深刻，不再只停留在听命令办事的层面。

资源倾斜无可厚非，但这种倾斜必须有度，不能把全部资源集中在某一个人身上。鸡蛋不应放在一个篮子里，这一点不仅适用于投资领域，也适用于人才的管理和培养。企业需要的不是一个无所不能的英雄，而是一个稳定而强大的团队。拥有这样一个团队，企业才不会轻易陷入人才链断裂的窘境。当一个人倒下，立刻有下一个人冲上来接替，这才是一个真正成功的团队，可以应对一切突发状况，永远不会拖慢企业前进的脚步。

况且，人都是有野心的，一旦培养对象的野心越来越大，你要怎么做呢？是退位让贤？还是让这个辛辛苦苦培养出来的人才走人？不管是哪一种，都不是管理者想看到的。很多团队包括很多知名团队都犯过这样的错误，将所有资源倾斜到一个人身上，结果这个出色的人才流失，团队遭遇灭顶之灾。

如今很多企业注意到了这个问题，会对员工开展定时的、具有针对性的集体培训，这种培训方式一来可以最大限度地节省资源，二来可以帮助公司培养更多专业性人才。

国外很多企业有自己培养人才的方式，例如开展大规模培训或者开办专门的学院。国内也有越来越多的企业学习这种方式，例如阿里巴巴创办各种培训班、万达开办学院等，都能为团队源源不断地输送人才。这才是培养人才的正确方式。

除此之外，在培养团队过程中，尤为重要的一点是，实现团队与团队之间、团队内部成员之间的信息共享。

在现代社会，掌握信息意味着掌握了财富与机遇，正因为如此，很多人获得某一个信息后的第一反应往往不是和别人共享，而是自己“捂紧”，试图从中独占好处。从长远来看，这样做并不明智。你有一个苹果，拿去和别人交换一个苹果，最终依然只有一个苹果；但你有一个信息，拿去和别人交换一个信息，你便拥有两个信息。更重要的是，一个企业或团队说到底还是一个整体，是一个利益共同体，一荣俱荣、一损俱损。如果彼此之间能够实现信息共享，一起工作时必然会更加默契和紧密，而且信息共享也能让团队掌握并积累更多信息，提升竞争力。

人才培养至关重要，同时人才的流动性和不可控性也不容忽视。培养一群人、一个团队，或许需要投入更多时间和精力，但从长远来看，收获往往与投入成正比，甚至超出预期。

排列组合，创造最好的团队

春节联欢晚会上曾有个著名的群口相声，叫《五官争功》，讲的是五官之间发生矛盾，每个器官都觉得自己是最重要、最有用的器官，而最终发现，彼此之间谁也离不开谁，只有团队协作才是最重要的。其实，在企业中同样如此，每个部门都有其存在的意义，缺少哪个，团队都不能正常运转，更别说迎击困难，朝着理想不断前进了。不管是冲锋陷阵的一线部门，还是默默无闻的后勤部门，都为企业的发展壮大发挥着不可替代的作用。每个部门中的员工也是如此，每个人性格不同，能力各异，但都在各自的岗位上发光发热。

一个企业想要获得长足的发展，就要让各个部门团结协作，发挥出各自最大的优势。而要做到这一点，管理者要将每个员工安排到适合的位置，让他们各司其职，合理互补。最好的团队未必由最优秀的成员组成，但必然由最合适的成员组成。

纵观古今，能做出惊天动地大事业的人，几乎都懂得如何管理人才，将“合理搭配、合理互补”的手法运用得炉火纯青。比如，混混出身的汉高祖刘邦，之所以能在秦末乱世中崛起，短短数年便君临天下，靠的并非他个人的出身、才华或武力值，而是他对人才的管理和驾驭。

马云作为一个团队领袖，是擅长排列组合的高手，将不同的人搭配起来组成一个力量更加强大的团队。马云的第一任接班人陆兆禧，大学学的专业是酒店管理，曾在一家酒店任职，还做过电信业务销售，后来被马云招入麾下。陆兆禧最初是广东地区的负责人，有着非常强大的管理能力，后来他的能力越来越强，便成了阿里巴巴集团的CEO。王帅是现任阿里巴巴的首席市场官，马云一直非常喜欢他。他非常博学，反应很快，口才极佳，随着他的能力越来越强，成为了整个阿里巴巴公关项目的负责人。陈伟是马云的助理，工作的时候与马云形影不离，地位不高，但很重要。他虽然就职于一家国内有名的互联网企业，却是个电脑盲、网络盲，但这并不妨碍他做好助理的工作，相反，他是个非常合格的助理。

世界上没有完美的个人，但有完美的团队。每个人都有缺点，只要将不同的人组合到一起，弥合彼此的缺点，将优点放到最大，就能打造一支拥有强大力量的团队。

那么，如何排列组合能达到最好的效果呢？

首先，性格上要互补。性格很重要，一个人的命运虽然不完全取决于性格，但是性格的确占很大一部分原因。一个团队中，不能只有同一种性格的人，最好什么性格的人都有一些。一个人的性格决定了他做事的方法，也决定了他在做事过程中的不足，而性格与他相反的人，恰恰能弥补这种不足。例如，细心的人可以帮助粗心的人弥补过失；开朗的人可以帮助内向的人解决对外方面的问题；节俭的人可以帮助铺张的人把控预算，等等。

其次，能力上要相近。排列组合是将有差异的人组合到一起，形成一个强大的团队，但是这种差异不能是能力高低的差异。狮子的朋友不是老虎，也至少是恶狼，因为狮子不可能跟兔子做朋友。不同的员工排列组合到一起，能够携手共进的前提是，每个人的能力非常接近，虽然擅长的方向不同、工作的内容不同，但同样可以保证团队气氛和睦，保证团队实力强大。

最后，要牢记，员工是人，不是工具。七巧板是一种儿童益智玩具，只要善于使用不同的模块，就能组合出各种形状。员工可不是七巧板中的模块，而是一个个活生生的人。他们的爱憎、喜好、人际关系等都是排列组合中需要考虑的重要内容。例如，有两个员工能力相近，性格互补，但关系很差，则很难成为搭档。我们不能将员工当成工具，自顾自地将他们安排到我们认为正确的地方去，他们在其他方面的情况和他们本人的意见同样非常重要。

曾担任中国女排主教练的袁伟民这样说过：“一个队有十

几个队员，每个人都有自己的个性，这样打起比赛才有声有色。如果棱角都被磨平了，这个队也就没有希望了。”在企业中同样如此，如果每个人都一样，这个团队注定是平庸的。相互协作、取长补短，才能创造出完美的团队。

一定要涨工资

如果把团队比作人，领导就如同大脑，员工相当于骨骼、肌肉和血管。领导是带领团队找到方向的人，是协调团队关系的人，是为团队决定策略的人。而员工是将领导的想法变成现实的人，是一点点创造出真实价值的人。不管领导多么伟大，团队取得的成绩也不属于领导一个人。团队想要不断变强，必须吸纳更多人才。

吸纳人才的方式早已固化，不管是公开招聘，还是与猎头合作，各大团队早已驾轻就熟。真正困难的是留住人才。无论是创业团队还是大企业，都面临人才流失严重的问题。2014年，格力集团有600多名技术人员被挖走，总裁董明珠感慨，格力被挖人的速度超过了培养人的速度。BOSS直聘发布的《2017互联网人才趋势白皮书》显示，2017年北上广深互联网人才流失率达0.38%，比上一年增加了0.2%。

那么，如何留住人才呢？以下两种方法常用且有效。

第一，给员工实实在在的利益。

干活拿钱，天经地义，尤其要给予员工与工作付出相匹配的薪酬待遇。员工有多大能力，将多少精力投入到工作上，工作强度如何，都是衡量员工价值的要素，据此按劳分配，多劳多得。

网络上曾疯传一段马云的演讲，内容引起网友共鸣，大家纷纷高呼，希望遇到这样的中国好老板。演讲的内容大致是，很多企业喜欢给高管加工资，却不给普通员工加工资，事实上，高管的年薪高达百万，给他们加三五万元，他们不会在乎，但是给普通员工涨三五千元，将极大鼓舞团队士气，所以一定要给普通员工涨工资。

如今，越来越多的管理人员将少给员工钱作为一种本领，用大量心灵鸡汤替代员工应得的利益。这种“画饼”的方式即便吸引到人才，也一定是留不住的。卓越的管理者都清楚薪酬激励的巨大作用。任正非在内部讲话中提到，给的钱多了，不是人才也能变成人才。他认为，自己赚了 100 块还不愿意给别人 10 块钱，但当你失去一员干将时你可能只能赚 30 块。深受人才流失困扰的董明珠，也明了薪酬的重要作用。2016 年，格力电器所有员工每月的工资涨了 1000 元；2018 年新春伊始，格力集团宣布，给每个员工加薪 1000 元左右。2018 年 9 月，董明珠再次高调宣布，“今年，格力还会再次给员工涨薪 10

亿元！”

道理很简单，员工首先要生存，生活没有保障，其他都免谈，尤其是对那些上有老下有小，肩负房贷、车贷的员工来说，能起到激励作用的薪酬尤为重要。

第二，把公司的前景与员工的个人理想相结合。

前景与理想说起来是两种东西，其实非常相似。一个有良好前景的团队无疑是实现理想的最佳场所。而一个充满理想的团队对于很多新人来说充满前景，有无限机会。两者之间互相转化，可以让很多心怀抱负的人才来到团队。不管是特斯拉之父马丁·艾伯哈德还是特斯拉如今的首席技术官斯特劳贝尔，创立或加入特斯拉都是为了实现理想。两人都对跑车和电池充满兴趣，而特斯拉将这两者完美地结合到了一起。。

这两种方法对新老员工都适用。只是，很多团队往往更重视吸纳和留住新成员，而忽视了老成员。

各大团队的管理层中流传着这样一种说法，尽量不要严厉地批评、斥责新员工，因为他们了无牵挂，真的会直接翻脸走人。如果要严厉批评的话，不妨去批评那些已经工作了好多年、有孩子要养、有房贷要付的老员工，他们不敢和你大声说话，更不敢直接走人。其实，这种说法不正确，尽管老员工不会轻易离开，但是老成员是新成员未来的样子，如果我们对老成员非常严苛，新成员会怎么想呢？很多老员工是跟着团队一起成长的功臣，是团队的中流砥柱，他们掌控着团队更多资源，对团队更加了解。对待老员工，应该更加谨慎，如果逼迫太甚，老员工负气出走，造成的损失要远远超过新成员。

某旅行社老板脾气很急，非常情绪化，一旦急脾气发作，说起话来不分轻重。一天，一个在该旅行社工作了 8 年的老员工不小心弄错了一趟航班的时间，导致一个旅行团在机场白白等了 4 个多小时。老板大发雷霆，骂了他一下午。这个老员工最近家里事情也不少，母亲生病需要人照顾，他正想要辞职。于是，当天晚上他就收拾好东西离开了旅行社。临走的时候，想到下午的屈辱，一怒之下删除了公司的数据库。第二天，由于数据库被删除，公司有一半工作陷入了瘫痪状态。几天后，公司的数据库才恢复好，而这几天正是旅游旺季，公司损失惨重。

合理的保障是老员工最在乎的事情。苟富贵，勿相忘，这句话从出现到今天已经有上千年了，仍然被广泛使用。这句话代表着一个承诺，代表一个领导在事业有成的时候不会忘记老员工的功绩，会针对员工的功劳给出奖励。

8 维护团队和谐，安内方能攘外

有人的地方难免有矛盾和冲突，创造和谐环境是生存的基础。

冲突面前，领导不能躲

团队内部发生矛盾和冲突，是非常正常的事情。每个人的性格不同，相处起来难免有摩擦，舌头也有和牙齿打架的时候。但是，员工之间的矛盾并不只是他们个人的事，往往也与领导有关，因为矛盾和冲突不能及时化解，会对整个团队造成伤害。

我的朋友老宋是一家打击乐器营销公司的老板，是个典型的甩手掌柜。产品的销售渠道早就铺设好了，不需要开拓新市场，也不需要寻找全新的供货渠道，他认为只要公司中每个人按照规章制度办事，不需要多强的能力就能够完成所有工作，保证公司盈利。平时，他每天做的事情就是维护公司的渠道、人脉关系，团队内部的事情很少管。结果，让他意想不到的事情发生了。

老宋手下有几个老员工，老林和老张都是从他创业时候就跟着他打拼的人，三人一直以兄弟相称，关系很好。一天，老宋家里有事，提前离开了公司，将工作交给了老张和老林。下班后，忙碌一天的两个人相约去喝酒，结果在酒桌上出了事。聊天的时候，老张无意中表示公司的二把手应该是自己。老林听了不服气，认为自己的地位和老张相当，没有谁上谁下的区别。两个人开始摆资历、摆功劳，谁也说不服谁，最终不欢而散。

得知这件事，老宋没有理会，心想不过是几句口角，过几天就没事了。事与愿违，两个人的矛盾不仅没有很快过去，反而愈演愈烈。两个人开始在办公室里争权夺利，经常是老张发出一条命令，到老林那里无法执行。老张让一个员工往东，老林就让那个员工往西。老张认为这个客户应该用心维护，将来会有更多往来，老林则马上说和这个客户就是一锤子买卖，没有长期维护的必要。两个人明争暗斗，公司里一片混乱。

一段时间以后，老宋的一个老朋友打来电话，询问上个月下的订单为什么到现在还没送到。老宋一查发货单，发现没有发货的订单不只这一笔，而且这一个多月不管是发货还是进货，都非常混乱，公司彻底失去了秩序。他马上叫来老林和老张，询问原因。结果双方各执一词，老张认为应该使用新的发货方式，集中发货可以节约更多成本，老林则表示按照原来的方式发货就好，发货量不大，也不集中，节省不了多少钱，反而影响公司的资金周转，延长到货时间。

这本来不是一件大事，按照谁的方式发货都没问题，但两人互不相让，导致如今混乱的局面。老宋意识到问题的严重性，于是找二人进行了一次深谈,化解了矛盾,公司重新恢复了秩序。

团队内部出现矛盾很常见，但是必须及时解决。矛盾持续的时间越长，对团队造成的影响越大。普通员工之间发生矛盾，沟通会受阻，降低工作效率。管理人员之间发生矛盾，团队会陷入混乱，影响团队正常运转。普通员工之间的矛盾应该由他们的直接领导负责解决，而管理人员之间的矛盾应该由高层领导亲自解决。

领导亲自解决团队内部矛盾和冲突，有其必要性和优势。

首先，领导更有威信。能够担任领导的人，通常是对团队做出最多贡献的人，或者是团队当中最有能力的人，不管是哪一种，领导说的话都更能让人信服，也更有保障。

其次，领导能代表团队中其他人的看法。两个人发生矛盾，团队中难免会出现站队的情况，最终两个人之间的矛盾演变成两方的矛盾。这种矛盾持续下去，对保持中立的人造成了巨大困扰，一方面两边都不能得罪，另一方面要在双方互相下绊子的情况下完成工作，处境十分艰难。谁能代表他们解决问题呢?

相对已经站队的人来说，没站队的人并不是一个整体，都是独立的个体。在这种时候，团队领导就是他们最好的代言人，能够代表他们发表意见，告诉争斗的双方他们为团队中的其他人带来了麻烦，造成了困扰，进而让双方正视对团队的损害，消弭矛盾。

再次，领导是维护整个团队利益的人。双方发生恶性争斗，无疑会损害团队的利益。其他人可能因为某些原因敢怒不敢言，而团队领导无需有这种顾虑。领导维护的不是哪一方的利益，而是整个团队的利益。即便团队中的所有人都已经站队，领导也可以出面让他们知道，内部争斗给团队造成了巨大损害。即便争斗的双方愿意承受不良后果，从整个团队的利益出发，领导也不愿意承担这样的代价。

不管发生了什么矛盾和冲突，最终有什么样的结果，受伤的都是团队。团队领导不能对冲突不闻不问，而是要冲在前面，做那个能够解决问题的人。

冲突背后的逻辑

任何一场冲突都可能让一个稳固的团队出现裂痕。裂痕出现以后，如果不能在第一时间弥合，团队运转就会失去原有的节奏。想要化解冲突，或者减少冲突的出现，管理者有必要全面了解冲突产生的原因。

根据发生冲突的对象，可以将冲突分成两种类型，即员工之间的冲突、领导与员工之间的冲突。我们分别解析一下这两种冲突发生的原因。

员工之间发生冲突的原因主要有以下几种：

第一，资源争夺。每个团队都有自己的资源分配方式，分到较少资源的人容易产生不满情绪。因为资源的多少意味着成功的概率，意味着能获得多少利益。资源非常重要，与每个人息息相关。

争夺资源引发的冲突，并不算良性冲突，却十分常见。这主要是因为领导的分配方式和信息告知方式出现了问题。两个彼此竞争的员工，如果其中一个掌握了更多资源，另一个又没能得到有说服力的原因，势必会产生冲突。想要避免资源争夺方面的冲突，领导在进行资源分配时，要尽量做到透明化，要集思广益，不能独断专行。讲出道理，拿出让大家都相对满意的方案是避免冲突产生的上佳方案。

第二，付出与回报不匹配。多劳多得是团队分配成果的最佳方式，但是领导很难了解详情，比如每个员工究竟付出了多少劳动，谁工作的时候格外努力，谁工作的时候总是浑水摸鱼，等等，这些情况难以监控。所以，分配成果时，难免出现不均衡的情况。工作更努力、付出更多的人，没能得到应有的回报，偷懒的人则躺在努力的人身上取得同样多的回报，这个时候冲突就发生了。

如何解决这类冲突？其实，这种冲突一旦出现，就很难缓解，最好的方法是尽量避免让它发生。在分配工作的时候，尽量避免分组，即便分组，也尽量不要把两个工作内容相同的人放在一个小组里。这样做可以将每份劳动落实到每个团队成员的头上，按照完成的情况来分配成果。这样，矛盾发生的源头就被扼杀在了摇篮中。

第三，私人问题上的冲突。私人问题导致的冲突也是很难避免的。每个人都是截然不同的个体，地域、信仰、性格、爱好、生活方式等不尽相同，大家长期在一起共事，出现不和谐、发生摩擦是一件非常正常的事情。这种矛盾一旦出现，就会变成一种长期问题，并且很容易进一步恶化，出现恶性冲突。

解决这类冲突最好的方法是隔离。既然两个人在私人问题上有不能弥合的矛盾，就将两个人分开，不再有交集，也就不会有矛盾了。如果之前已经爆发了比较激烈的冲突，就必须秉公处理。这里说的秉公不是按照自己的方式去判断谁对谁错，因为每个人的生活方式不一样，你认为是对的，未必就是最合适的。所以，谁先挑起了这场冲突，通常就判定谁是错的，尽力做到公平。

除了私人问题之外，员工之间发生冲突的原因大多在领导身上。所以，当员工之间发生冲突的时候，你要先从自身找原因，然后再去解决矛盾。

员工与领导发生冲突，有着更加明显的原因，主要包括以下几种：

第一，员工与领导的理念不合。理念不合包含的范围很广，可能是目标不一致，也可能是执行方式不一致，甚至可能是员工质疑领导的个人能力，特别是在这个能者可居高位的时代。

如何解决这些矛盾呢？如果领导的能力确实弱，那么不必多谈，没有能力，坐在领导的位置上就是浪费资源，不如退位让贤。能力若是没问题，你不妨心平气和地和员工们谈谈。领导做出的计划、目标等决策，不是最好的，但往往是最合适、最安全、最可靠的，既然领导已经做了决策，制定好了计划，不妨向员工说个明白。开个临时会议，将详情告诉所有人，并不是一件很难的事情，但却是化解这类冲突的上佳方案。如果团队中大部分成员都认为这个决策有问题，不妨集思广益，寻找一个折衷的方案。如果事情不紧急，可以先试行以观后效。

第二，利益分配出现问题。很多领导练就了一手“画饼”的本事，只做虚无缥缈的承诺，永远不去兑现，有些时候连个承诺都不给，这就造成了利益分配的冲突。

这个问题解决起来不难。饼还是要画的，不“画饼”，刚刚起步的小团队很难迅速发展起来。但是，画的饼要兑现。如果将“画饼”这件事变成一个正式的承诺，白纸黑字落到实处，变成一个可靠的契约，就会对领导产生约束力，也能够让员工放心。

事实上，冲突产生的最根本原因还是缺少沟通。人们与同事相处的时间有时甚至超过了和亲人在一起的时间，即便如此还是无法完全信任彼此，这就导致了沟通上的障碍，造成很多误会。

当团队内部出现冲突，我们首先要做的是了解冲突发生的原因，随后再去解决。越是简单粗暴地去解决问题，越难以得到一个圆满的结果。

请允许员工发牢骚

员工不可避免地会发各种各样的牢骚，比如工资低、福利差、办公环境不好、老板处事不公平、领导脾气差等。有的领导认为发牢骚的员工是问题员工，发牢骚会严重破坏团队和谐，员工应该埋头苦干没有一句怨言。事实上，这不合理，也不可能。当需求得不到满足时，人容易产生抱怨情绪，甚至可以说每个人都有牢骚情绪。作为领导，你扪心自问一下，有没有抱怨员工能力差、效率低、经常请假等。

更多时候，发牢骚是一种发泄形式，不带有明确的目的性，无法真正改变什么，只是单纯想要宣泄情绪。发牢骚的人并不是不懂怎样解决问题，也不需要别人告诉他发牢骚没有用，而是希望得到情绪上的舒缓。从这个角度上看，员工发牢骚不一定是坏事，发泄出来，心情舒畅，工作效率也会提高。

美国一家工厂，福利待遇等各方面条件都非常优越，但是工人工作的积极性却不高。厂领导一直困惑不已，想尽各种办法，也无法改变现状。无奈之下，他向哈佛大学心理学系寻求帮助。

哈佛大学心理学系教授梅约带领一个专家组进驻工厂，对此事展开调查。他们和工人逐个交谈，听工人反映对工厂和领导的各种不满，专家组只聆听并做记录，不发表任何意见，不做任何劝导。这个调查长达两年之久。

结果，梅约教授发现，这两年内员工的工作积极性提高了，工厂的生产效率也得到了很大提升，原因是，员工通过倾诉将积聚已久的负面情绪发泄出来后，心情舒畅了，工作热情高涨。由此，梅约教授得出一个结论：那些允许员工发牢骚的公司往往比那些没有牢骚或者压制员工发牢骚的公司更成功。这也是企业管理中著名的牢骚效应。

人都有负面情绪，只是每个人的发泄方式不同。不高兴的时候，有些人喜欢买东西；有些人喜欢砸东西；有些人喜欢吃东西；有些人喜欢打扫房间；有些人喜欢出去旅行……无论用何种方式，只要把坏情绪发泄出来，人就会舒服很多，否则容易积郁成疾。任何企业和团队都应该为员工提供发泄的渠道，而不是想尽办法压制，抱怨和不满长时间被压制，不但会影响工作效率，还容易引发团队内部矛盾。

在企业越来越注重售前售后服务的时代，客服人员的工作也越来越难做。拿中国铁路客户服务中心来说，春运期间，购票量大，很多人因为买不到回家的车票心生怨气，打电话谩骂客服人员。据统计，春运期间，客服中心的话务量高达几万个，平均每个客服人员每天要接听三四百个电话。这其中有很多无理的要求和谩骂，而客服人员不但不能回击，还要好言好语地回应，心中的委屈可想而知。很多年轻的客服人员会在楼道里偷偷地哭。

为此，客户服务中心为员工设置了专门的发泄室，里面有发泄墙、拳击柱等设施，供大家发泄委屈，缓解压力。有些小型团队，也会采用轮岗的方式来调整客服人员的状态。

国外的企业更注重员工的情绪管理和心理健康。他们为员工提供的发泄方式丰富多样，比如，专门设定一个“发泄日”，这一天员工可以尽情发泄自己的不满，无论是对同事还是对领导，有意见，可以随便提；设置发泄室，里面有仿领导模样的橡皮人，员工可以任意殴打出气；设置心理咨询室，请心理医生帮助员工舒缓情绪，解决心理问题；等等。

发牢骚是一种发泄方式，也是一种表达方式，员工有时候会通过发牢骚来表达自己的意见和建议。认真聆听员工的牢骚和抱怨，能从中看到管理的弊端和不足。对此，团队可以设置正规的意见和建议渠道，制定奖励机制，鼓励大家通过正规渠道将牢骚和抱怨变成意见和建议。即便员工提出的意见是离谱的，是狂妄的，也不能盲目反对。反对要有理有据，要用实实在在的数据说服对方，告诉对方为什么这个意见不可行。只有重视起来，才能避免打击员工的积极性。如果意见被采纳了，就要更加重视，对提意见者要给予奖励，除了物质上的奖励，还要有荣誉上的奖励。让其他员工知道，通过正规渠道提意见，不仅对团队有好处，更对自己有好处。荣誉的仪式感很强，即便没有受到褒奖的人，也会有所感触，效仿对方的行为，为团队贡献更多有效的意见。

有些人不经常发牢骚，他们有管理情绪的能力。而有一些人则缺少这种能力，经常会沉浸在某种状态当中无法自拔，他们发牢骚已经不是宣泄和提意见，而变成一种习惯，凡遇到一点儿问题，都要抱怨许久。对于这种人，单纯的倾听、安慰往往没有用，当头棒喝才是最好的办法。他们很难借助外力来平复自己的情绪，只能通过一些呵斥型的激励方式让他们醒悟现在的状态是错的。他们醒悟了，便能够产生新的力量，依靠自己来改变糟糕的状态。如果所有方法都不能改善这个人经常发牢骚的状况，不妨给他放个假，调整一下。如果休假还不能解决问题，就只能让他远离团队中的其他成员。发牢骚是会传染的，久而久之，要么团队成员都变得满腹牢骚，要么其他人会讨厌他，最终发生不可调和的矛盾。

冷漠滋生矛盾

冷漠是人与人之间来往的阻碍，在团队中也是如此。团队中的冷漠是会传染的，几个人的冷漠会使整个团队的氛围变得冷漠。一旦内部氛围变得冷漠，团队早晚会出现问题，而最常见的问题是产生矛盾。

或许有些人不能理解，冷漠不就是表现冷淡、不关心别人吗？怎么可能变成矛盾呢？其实恰恰相反，员工之间越是不关心其他人在干什么，越是容易产生矛盾。团队成员每天在一起的时间有八小时，甚至超过了八小时。在漫长的时间里，冷漠的气氛容易让人产生被孤立的感觉，进而变得非常敏感，一点小摩擦都可能演变成大冲突。

赵旭入职已经有一段时间了，他始终觉得部门里的其他同事对他不友好、不接纳。不管团队里发生什么事情，他总是最后一个知道。如果同事要做什么事，总是在无人可用的时候才找他，这让他有被排挤的感觉。他并非没有努力地融入集体，吃午饭的时候他主动和同事结伴，上下班即便绕路，也要和其他同事一起走。但是，这样做似乎没什么用，情况没有任何改变。他总感觉，吃饭的时候他一来，大家就不聊天了；跟同事一起上下班，不管他怎么找话题，回应他的几乎都是尴尬的沉默。

一次，公司举办聚餐活动。活动是AA制，他虽然手头不宽裕，还是硬着头皮交了钱，觉得这是融入集体的好机会。结果，聚餐的气氛非常尴尬，大家的话都不多，只有领导在不停地活跃气氛。没多久，领导有事先走了，酒桌上只剩下沉默。赵旭觉得是自己破坏了聚餐的氛围，找个借口离开了。

赵旭觉得忍无可忍是因为一次加班。那天是圣诞节，恰巧公司有一个项目赶进度，必须有几个人加班。赵旭没有被安排加班，于是提前做了计划，下班以后和女朋友出去玩。结果快下班的时候，领导找到他，说有个同事临时有事，无法加班，要他顶上。

赵旭怒火万丈，告诉领导，这个工作他不干了，几个月来他拼命地讨好同事，但是所有人都拒他于千里之外，如今本来不需要他加班，却欺负他，临时让他顶上，那个同事明明刚才还在，怎么就突然有事不能加班了？赵旭说完以后，没管领导诧异的目光，收拾好东西就走了。

几天后，赵旭奔走在去各公司应聘的路上，突然接到一条微信。微信是上个公司的领导发来的，领导先是跟赵旭道歉，随后解释了误会。原来，赵旭并没有遭到排挤，公司这个部门才成立不久，大家互相不太熟悉，不大说话，并不是防着他。团队刚刚成立，领导工作比较忙，一直没有察觉团队的异常情况。他希望赵旭回来，他一定会搞好团队的氛围。

团队气氛冷漠是一件危险的事，这可不是危言耸听。不管是哪个行业的团队，都要有一种温暖的氛围，有一种彼此亲近的感觉。如果没有这种感觉，员工之间必然会爆发矛盾。这种情况在新团队中屡见不鲜，也是新团队人员流动率高的原因之一。

那么，如何避免团队氛围冷漠呢？这做起来并不难。

首先，培养员工的共同爱好。有共同的兴趣爱好，就会有共同话题，也能拉近彼此之间的关系。培养共同的兴趣爱好，虽然不能保证把每个人都团结起来，至少能团结大部分人。

我有一个朋友将培养员工共同兴趣这件事做得很成功。他主要是利用网络游戏。得知这件事时我很惊讶，因为他的团队大多是中年人，有一位已经到了快退休的年纪，40 岁的也有好几位，剩下的大多在 30 岁以上。这样的团队要玩网络游戏，很难想象。深入了解以后，我发现这件事居然是真的。除了快要退休的那个员工，其他人都投入到这款游戏中了。每天下班以后，大家就集合起来，以一个游戏公会的身份在游戏中并肩作战，披荆斩棘。

其次，经常举办团队活动。举办团队活动是一个非常常见的办法，几乎每个团队都这样做过，不仅可以作为对员工的犒劳，还可以让员工之间的关系更进一步。这本来是个好事，但是很多领导把这件事情搞砸了。

搞砸的原因无非是钱。在互相不熟悉的时候，大家往往不太喜欢出去玩，在难得的假期里与其和一群不熟悉的同事出去玩，不如和朋友待在一起，所以公费活动变得非常必要。很多领导舍不得花这笔钱，但是采用 AA 制又没有人来，只能减少活动经费。这种小气的做法毫无诚意，活动也达不到目的。

例如，某个团队本来打算去附近的旅游区进行两天一夜的游玩，最后因为经费问题，变成了某农家院的烤肉聚餐。这种意义不大的活动，领导本人自然不去，其他团队成员中也有不少人看不上这个活动拒绝参与。最终，这次活动变成了吐槽领导的大会，去的人的确变得团结了一些，但是每个人对领导的印象都变差了。这次活动的影响还不止于此。领导听到些风言风语，训斥了当天说领导坏话的人。被训斥的人恼羞成怒，将当天参加活动但是没有被训斥的人当成了告密者，矛盾彻底爆发。

有些活动非常适合创建良好的团队气氛，例如一起去游乐园，或者一起登山，进行拓展训练，或者是密室逃脱。这种需要群策群力的活动不仅能够看出每个人的心性，更能拉近彼此的关系，培养团队默契。

最后，瓦解团队内部的小团体。团队本身是一个大团体，而团队内部自发形成的小团体是造成集体氛围冷漠的重要原因之一。小团体具有排他性，通常而言团体内人员的关系更融洽，团体之外的人则会被他们冷漠对待。小团体的人越多，被排除在外的人的孤独感、被排挤感就会越发强烈，最终，被排除在外的人要么想尽办法融入小团体，要么离开大环境。

大团队中的小团体越来越大后，就会开始谋求自己的利益。因为他们人员众多，在团队中的话语权会变大，要求也会变多。小团体中的人会为其他人和自己谋求更多利益，这对团队领导来说是非常不利的。所以，打击团队中的小团体势在必行。

冷漠是非常可怕的，它会让团队中每个人的心离得越来越远，把每个人都变成刺猬，一旦凑近，就会互相伤害。所以，不管是新团队还是老团队，打造温暖和谐的团队氛围非常重要。

“和稀泥”，小心越“和”越乱

在调解纷争时，中国人擅长“和稀泥”，似乎不得罪人比解决问题本身更重要。很多管理者也有相同的看法，认为领导必须八面玲珑，不能轻易得罪人。有时候“和稀泥”未必全然无效，在不涉及原则和底线的小事上，“和稀泥”的确能够减少摩擦，调解团队内部氛围。但是更多时候，“和稀泥”不仅不能解决问题，还会让冲突愈演愈烈。

老赵是部门主管，今天有两个员工在办公室吵架，让他非常烦躁。办公室的钥匙由小张拿着，因为小张的家在公司附近，他来得早，交给他最合适不过。昨晚，小李在公司加班到九点，他离开公司后突然想到有一份重要文件忘了拿，便赶紧打电话给小张。小张这个时候正跟女朋友在外面约会，环境非常吵，没有听到电话响。等小张回到家看见多个未接来电时，已经是深夜了。他回电话给小李，小李说话阴阳怪气的，表示自己在加班，为公司拼命，有些人却在外面风流快活，耽误了自己的工作。听小李这么说，小张当时就发怒了，和小李吵了起来。

老赵非常头疼，这件事到底怪谁呢？小张并非主动要求保管办公室钥匙，而是老赵分配的，在没有工作的情况下，按时上下班，小张一点儿错误都没有。小李说话难听肯定是他不对，但是小李加班到晚上 9 点多，没有功劳也有苦劳，如果判定小李错了，岂不是把小李得罪了，以后想要让他为团队拼命，怕是很难了。思来想去，老赵只能选择“和稀泥”。他强硬地要求两个人和好，表示这又不是什么大事，晚上请两个人吃烧烤，大家喝两杯。小张提出不想再保管钥匙，也被老赵驳回了。

当天晚上，三人一起吃烧烤，喝了几杯，气氛还算融洽。老赵认为事情就这么过去了。没想到几天以后，更加激烈的冲突爆发了。

那天晚上下班的时候，小张的女朋友来找小张，还没走到办公室就碰上拿着晚饭准备加班的小李。小李看到小张的女朋友说：“下次你们出去玩的时候想着点，还有人加班呢。你们倒是快活了，别人可遭罪了。”小张的女朋友一头雾水，把事情一五一十告诉了小张。小张听完就火了，和小李动起手来。

老赵的做法不仅没有解决问题，还让矛盾爆发得更加激烈。“和稀泥”并没有解决任何问题，只是单纯地利用权威将争执压下去。双方将怒火压进了心里，却根本没有熄灭，而且随着时间的推移怒火更盛。

其实，“和稀泥”并非一无是处，偶尔是有效的。发生冲突的时候双方都很激动，冷静下来，往往会觉得没那么生气，甚至有些后悔，这种情况下，“和稀泥”能够给双方一个台阶下，维护双方的面子。但是，“和稀泥”并不是万能的解决方式，例如，有些冲突比较激烈，一定要在当时解决，不管是谁的问题，总要给个说法。如果两个人都有问题，就各打五十大板，不要存在“和稀泥”就能解决问题的侥幸心理。如果是涉及原则或者规章制度的问题，必须要明确对错，无论问题大小。因为在这些问题上无原则地“和稀泥”，会产生不良的导向，比损失人心更加严重。

和稀泥不能解决所有问题，那么还有哪些手段可以用来解决团队内部冲突呢？

冷处理是一种简单好用的方式。如果是糟糕的情绪或者是不理智的言语等引发的冲突，又不涉及原则性问题，最好的办法就是冷处理。每个人都有思考能力，一旦被隔离开来，就会思考刚刚发生的冲突究竟是怎么回事，自己做的到底是对还是错。只要恢复理智，人们很快就会明白冲突是不应该发生的，这样两个人的隔阂也就慢慢化解了。

使用冷处理的方式，切记要在第一时间将两个人分开，不要有人安慰或者劝阻，否则会让当事人觉得丢脸，骑虎难下。只要让双方冷静一段时间，不让他们碰面，问题自然就能解决。

有人可能觉得冷处理与“和稀泥”没什么区别，其实差别很大。不管员工多么信任领导，实际上都不如信任自己更多，人最信任的始终是自己。“和稀泥”是利用领导的权威快速地平息冲突，而不是发生冲突的人自己想通的。冷处理则不一样，冷处理的结果是冲突双方自己的选择，他们不会有被强迫的感觉。

理性分析是另外一种解决冲突的办法。任何冲突的发生都有原因，或许是情绪上的原因，或许是道理上的原因。不管是哪一种，都有解决的方法。双方坐下来，心平气和地谈谈，很快就能找到问题的根源，进而找到解决问题的方法。如果是情绪上的问题，双方能够心平气和地坐下，就说明问题不大了。如果是道理上的问题，双方就好好聊聊，让其他人给评评理，看看谁对谁错。只要拿出了解决方案，冲突就算解决了。

冲突的类型有很多，引发冲突的原因也有很多，管理者要根据具体情况采用合适的方式化解，单靠“和稀泥”是不行的。

别在办公室上演谍战戏码

每个人都有掌控欲，当领导的人更甚。每个领导都希望了解团队中每个人的想法和做法，以便更好地管理。获取信息的方式有很多，但有些管理者偏偏喜欢玩“谍战”戏码。利用安插间谍、打小报告的方式来做管理，是一种本末倒置的做法，它从根本上破坏了团队的和谐，破坏了团队中最宝贵的信任。

老张今年终于高升了一步，成为了部门经理。他认为，自己应该对团队有绝对的掌控力，比如私下员工是什么表现、发什么牢骚、对领导有什么不满等他都应该知道。升职以后，其他人对他不再像过去那样什么都说，对公司制度和领导的看法更是只字不说。老张想要改变这种情况，但是缺少眼线。

一天，部门里来了新人，老张一看这个年轻漂亮的姑娘，顿时喜上眉梢，因为这个姑娘是他一位老朋友的女儿。他悄悄找到这个姑娘，叮嘱她不要让别人知道他们认识，办公室有什么风吹草动，就告诉他。

从那以后，这个女孩就成了老张的眼线。不管是要提拔谁，还是觉得办公室里的风气不对，老张都会去问问眼线。办公室主任老胡要退休了，最适合接替老胡位置的人是老赵。不管是从资历还是从能力方面看，老赵都是最适合这个位置的人。让人大跌眼镜的是，老张任命的办公室主任不是老赵，而是只会拍马屁的老好人刘姐。毫无疑问，这与眼线有关。刘姐是办公室里唯一一个完全不跟领导唱反调的人，而老赵经常和老张唱反调，加之私底下老赵的人缘很好，让老赵上任，老张担心自己的位置不保。

又过了一段时间，公司开展低碳节能活动，节约用电是老张提出的要求。不管是加班时开灯还是平时开空调，都被严格限制了时间。这项活动引起一些员工的不满，虽然这是好事，但却让办公室的生活不如之前自在了。几天以后，几位牢骚颇多的员工被老张约谈了。每个人从老张办公室出来，脸色都格外难看。

到了此时，每个人都知道办公室里有了间谍。为了避开间谍，员工们开始拉帮结派，每个人都只跟相熟的人说话，生怕哪句话被间谍听到。又过了一段时间，办公室的气氛越来越压抑，工作期间大家几乎没有交流，工作效率大大下降。

安插间谍或者让员工打小报告，不是一个领导应该使用的掌控方式。想要促进团队内部有效沟通，化解矛盾，必须使用光明正大的方式。安插间谍、纵容告密等方式只会让好不容易建立起来的信任土崩瓦解。当意识到身边有间谍，人们往往会产生两种想法：团队中的其他人已经不值得相信，说不准谁就是领导的间谍；领导并不信任大家，至少不完全相信，否则没必要安插间谍。

况且，间谍也是有私心的，谁与间谍的关系更好，谁就能从中获得更多利益。间谍手中的权力越来越大，他就会从一个传声筒，变成狐假虎威中的狐狸，利用告密的手段打击他不喜欢的人，帮助他喜欢的人。到时候，团队内部就会成为间谍的一言堂。如果间谍的身份不小心被识破，你就只能接收其他人故意泄露给间谍的消息。这些消息是他们想让你知道的，而不是你想要知道的。用被蒙蔽来形容这种情况，非常合适。

我们可以让员工报告一些事情，但必须是光明正大的。如果有人觉得其他人做得不对，来找你讨说法，切记不要私下处理，至少要两个人当面锣，对面鼓地进行，否则任何处理方式都会被人质疑公平性。偏听偏信不是处理团队矛盾的正确方式，你至少要全面了解情况，让双方当面对峙，把事情的真相还原清楚，才能够做判断。

建立正确合理的反馈机制是获得团队信息、化解团队矛盾的最佳方式。有人有不满情绪，就通过反馈机制向领导反映，随后领导进行调查、核实，最终做出判断，在所有员工面前公开这件事情。这样就能做到不偏不倚，既能解决团队矛盾，又能够树立自己公正公平的形象，让员工更信服。

团队一片祥和，你要小心了

人们常常将没有生机、没有活力的东西形容为像死水一样。死水是静止不动的，不像江河一样不断流动。小的支流自上而下，跟其他支流汇合，最终抵达更大的河流。即便两条支流一条自东向西，另一条自西向东，前进方向完全相反，也会在对抗的时候找到另一条出路，最终汇聚到更大的水流中去。团队需要活力，不能成为一滩死水。死水只会不断滋生细菌、蚊虫，最终成为臭水，直到干涸。所以，我们需要支流，这些支流从不同的方向而来，最终汇集起来，让团队变得更大，更有力量。

某公司的负责人曾经向我夸耀："我们团队一直非常和气，从来没发生过什么冲突，员工特别听话。我觉得，很少有团队像我们这样出色。"这话让我震惊，于是我借着去他公司做客的机会，仔细观察了一下。公司内部的确看起来一团和气，但是这种和气非常奇怪，与其说是相敬如宾，不如说是相敬如

“冰”。大家交谈的时候使用敬语，稍微熟悉一些的则用对方名字中最后两个字来称呼，疏离感很强。

这种团队就是最好的团队吗？看上去各司其职，实际上不仅缺少沟通，连最基本的交流都没有。工作的时候死气沉沉，休息的时候一哄而散，各走各路，他们能创造什么呢？能取得更大的突破吗？显然很难。缺少交流，就不能交换思想，没有思想的碰撞，团队很难进行创新和创造，即便能创造出新东西，也会比其他团队慢上许多。

况且，这种机械般配合的团队缺乏主观能动性，一旦遭遇危机，担子将完全压在团队领导身上。如果领导不在场，没能在第一时间做出反应，整个团队就会陷入停滞，等待死亡。

通过系统分析，我们能总结出没有矛盾的团队有多么糟糕。

没有矛盾，往往说明团队内部缺少交流。每个人都有自己的个性，有自己的利益需求，所以说有人的地方就有江湖。完全没有矛盾的团队，说明成员之间交集不多。人与人之间有交集就容易产生摩擦，有摩擦就容易产生矛盾。所谓不打不相识，解决了矛盾，往往会让双方关系变得更好，变得更加熟悉。而那些完全没有交流的团队，不会产生任何矛盾。

没有矛盾的团队，往往缺少创造的火花。火花是碰撞产生的，两种坚硬的东西碰撞得越激烈，产生的火花越多，思想也是如此。思想碰撞出来的火花，能够提高团队的创造力。没有矛盾的团队，缺少交流，缺少思想上的碰撞，也就缺少创造力，而创造力是团队持续前进的动力。

没有矛盾的团队，风险更高。盛田昭夫被誉为日本的爱迪生，他曾担任索尼公司副总裁。时任总裁的田岛道治和盛田昭夫经常有不同意见。有一次，两个人又爆发了争吵，田岛道治说："我不喜欢在这样的公司里工作，所有的事情都要听你的，否则你就要跟我吵架。"盛田昭夫不以为然地说："田岛先生，我们两个有不一样的想法不是很正常吗？如果我们的想法完全一样，何必要领两份工资呢？留下我们其中一个就够了。正是因为我们的想法不同，公司才能降低风险。"

盛田昭夫说得没错，矛盾可以降低团队出错的概率。团队中有各种各样的意见，发生各种各样的矛盾，是一件好事。如果团队中只有一种意见，这个意见必然会被执行。这个意见是正确的则好，如果是错误的呢？会产生很大麻烦，执行一个错误的决策，意味着团队会走上一条错误的道路，酿成苦果。只有经过多方论证，从众多意见中脱颖而出的意见，才可能是最正确的意见。

有些时候不是团队里没有矛盾，而是你没有看见矛盾。当团队成员之间一团和气，且关系密切，你不该沾沾自喜，而应该警惕起来。没有矛盾是不合理的，如果你发现其他人之间都没有矛盾，那么可能是你和其他人有了矛盾。这种情况是最可怕的，员工之间爆发矛盾，你作为领导能够进行调解，但如果你和团队有了矛盾，却始终没有发现，说明大家想要换个领导了。

埃隆·马斯克在PayPal的时候就遇到过这种情况，本来矛盾重重的团队突然变得一团和气。这给他一种错觉，认为自己征服了团队，坐稳了CEO的位置。于是，他离开公司，和妻子结婚、度蜜月。不料，他离开公司以后，团队成员马上发动“政变”，将他赶下了CEO的位置，更换了领导。

团队内部有矛盾和冲突，只要不是恶性的，就不是坏事。如果双方不服气，展开竞争，那么在不断努力之后，竞争的双方会变得越来越强，团队也会迎来更快发展。如果双方目标相同，理念不同，更是一件好事，因为只要一方做出成绩，团队就有了立足的根本。如果双方都做出了成绩，团队就有两条路可以走，可以迎来一次扩张。如果一方被证明是错的，选择的道路走不通，也可以给团队一个警示，并开始转型。

截至2018年，微信在全世界的用户量已经超过10亿，也就是说，全球每8个人中就有一个在使用微信。当然，实际上不能这么计算，因为有些人有多个账号，但是微信的影响力已经毋庸置疑。而微信的发展壮大离不开团队的良性竞争。

腾讯的明星产品一直是QQ，进入智能手机时代，手机QQ仍然是人们离不开的通讯工具。微信的出现让QQ感受到了危机，而拥有庞大用户群的QQ也是微信赶超的对象。于是，手机QQ团队和微信团队展开了激烈竞争，双方不断优化软件，不断让软件增加更多功能。这场竞争的最终受益人是谁？无疑是腾讯公司和用户。不管双方如何竞争，肉最终都是落在腾讯锅里，而在这场竞争中用户会发现手中的软件越来越好用。如果没有竞争，双方进步不会如此神速，这就是团队内部良性冲突的好处。

团队内部有良性冲突是好事，但能否让良性冲突取得一个好结果，不让良性冲突向恶性冲突转化，还要看领导怎样做。引导成功，团队获益良多；引导不成功，团队将遭受损失。所以，你不能因为冲突看起来不恶劣就放手不管，一旦冲突的性质发生变化，不能及时阻止，就会后悔莫及。

有矛盾，就想办法解决矛盾，而没有矛盾或看不到矛盾，意味着团队出现了大问题。

9 赋能团队文化，构建竞争优势

团队文化是一种神秘的力量，助力团队持续前行。团队文化是团队的DNA，可以延续和传承。

你的个性决定了团队的气质

团队文化是怎么诞生的？有些历史较长的企业，其团队文化篇幅惊人，长篇大论，涵盖面极广。但是，这些团队文化在诞生之初，都是创立者对团队的要求，这样就有意无意地让整个团队沾染上了创始人的气质，甚至可以说为整个团队打上了自己的标签。所以，从某种程度上说，团队文化是领导个人意志的延伸和体现。

苹果公司和史蒂夫·乔布斯的恩恩怨怨难以说清，但不可否认的是，乔布斯离开苹果以后，苹果变得不像苹果了。而乔布斯回归后，苹果公司马上回到了原来的轨道，回到了原来的样子，这就是领袖个人对于团队文化的影响。乔布斯对产品设计要求非常严格，他希望苹果公司制作的不是消费品，而是电子产品中的艺术品。这个要求在他离开苹果以后就被抛在了脑后，从苹果公司当时混乱不堪的生产线就能看出来。而乔布斯回来以后，生产线马上被精简为四条，并且他将追求设计这件事写入了团队文化。乔布斯对苹果公司团队文化有巨大影响的直接证据是，团队文化中有一条是信任乔布斯。无独有偶，微软早期的团队文化中，同样有信任比尔·盖茨的内容。

领导对团队文化有积极的影响，同样也有负面影响。俗话说兵熊熊一个，将熊熊一窝，即便已经确立好团队文化的公司，在一个画风不对的领导的带领下，也会出现问题。

索尼公司是日本第一个以国际化为目标的大公司，在国际化精神的带领下，索尼公司展现出了与其他日本企业截然不同的精神面貌，在所有日本公司不复往日辉煌的情况下展现出惊人的神采。但是，前些年，索尼公司赤字严重，亏损高达上千亿日元，险些陷入万劫不复的深渊。导致这一切的罪魁祸首是谁呢？如果一定要找一个人来问责，这个人应该是铃木国正。

铃木国正原本是索尼个人计算机部门核心业务 VAIO 的负责人，VAIO 笔记本电脑的绝大多数决策出自他。铃木国正个性格保守，与索尼国际化、新潮、时尚、超前的团队文化并不契合。日本的个人计算机市场并不大，很快就饱和了，很多公司开始剥离个人计算机业务，而固执的铃木国正却还不断生产 VAIO，导致大量库存积压。索性，在 VAIO 库存继续增加之前，他被调到了索尼的移动部门做负责人。

索尼公司时任总裁平井一夫非常信任铃木国正，铃木国正上任时，他告诉所有人，铃木国正能够盘活索尼移动部门，让索尼成为继苹果、三星之后第三个崛起的智能手机品牌。没想到的是，铃木国正的保守思想并不符合智能手机飞速发展的需求，更不能适应国际化的需求。多年以来，索尼生产的智能手机仍旧带有浓浓的日本传统风格。虽然索尼在某些方面紧跟苹果和三星的脚步，但这对于一个飞速发展的行业来说是远远不够的。结果，索尼移动部门在铃木国正的领导下变得和传统的日本企业没有任何区别，在和中国智能手机厂商的竞争中完全落入了下风。在 2015 年、2016 年索尼亏损最严重的两年里，几乎所有亏损都来自铃木国正带领的移动部门。

团队文化是团队发展的基石和方向，一旦确立，除非遇到生死存亡的情况，否则不会轻易改革和转型。如果你认为，团队文化已经确立，不用再操心，那就大错特错了。领导本身对团队文化有极大的影响力，如果领导制定的计划不符合团队文化的大方向，就会产生矛盾。如果一个部门的负责人不能融入公司的团队文化，这个部门的发展显然无法和整个公司处在同一个步调上。团队执行一个任务的时候，如果受多种思想影响和指导，陷入混乱是可以预见的。

团队文化是创始人个人意志的延伸，如果你不是那个创建文化的领导，而是继任者，那么你需要做的是取其精华，去其糟粕，让团队文化更适合新时代的发展需要，在团队文化与领导个人风格之间找到一个平衡点。固执己见，只能产生两个结果：领导与团队格格不入，始终不能达到融洽的状态，甚至内部沟通都会出现问题；员工夹在领导与企业文化中间无所适从，个人思想上的混乱发展为行为上的混乱，最终导致团队在做事的时候一塌糊涂。

所以，领导必须与团队文化相契合。不管是改变自己还是改变团队文化，甚至必要的时候将自己伪装成与团队文化相契合的样子，都必须要达成这一目标。

狼性团队为什么受欢迎?

世界上没有两个完全相同的人，每个人都有独一无二的个性，即便是双胞胎，也可能有非常大的不同。企业和团队同样如此，每个企业都有自己的企业文化，这是企业个性、企业意志的体现。团队也是，一旦形成固有的团队文化，势必能让团队更好地运转起来。国内的团队相对于国外一些团队来说，起步较晚，且受集体主义的影响，最初形成的团队大多是家庭式团队。如今，越来越多的团队开始拒绝家庭式团队，努力将团队打造成狼性团队。这是为什么呢?

狼性团队必然是以狼的个性作为团队个性，而狼又是非常奇特的一种动物，它们既有优胜劣汰的思维，又有团结进取的需求，所以成为众多企业、团队效仿的目标。

狼性团队主要有以下几个特点：

第一，强者为王。自然界永远是最讲实力的地方，狼性团队同样是尊敬强者、淘汰弱者的地方。团队中每一个成员都要不断进步，不断强化自己，不断取得更高的成就，只有这样才能在狼性团队中生存下去。那些取得一点成就就止步不前的人，注定会离开团队。

强者为王在团队中的另一个表现是资源分配。每个团队的资源都是有限的，那么资源倾斜给谁呢？毫无疑问是给团队中的强者。狼群就是如此，那些强壮的狼，那些聪明的头狼，总是在捕猎结束后获得最多的食物，他们吃饱以后，才轮到团队中的老弱病残。狼性团队也是如此，最好的资源、最多的收获永远属于团队中的最强者，那些缺少成绩、对团队没有贡献的人，只能看着别人升职加薪，自己却一无所获。

第二，强韧。狼的韧性和耐性非常惊人。狼群确定一个目标以后会潜伏几天几夜，寻找一个最佳的机会进攻。这不是不懂变通，狼群专注一个目标，但是从来不去碰触那些不可能达成的目标。一旦它们认为时机到了，会马上发动攻击，务求一击致命。

狼性团队同样如此，确定一个重要目标后，韧性和耐性就成为团队展现能力的重要品质。长时间加班，长时间高强度工作，对他们来说都不是难事。没有人喊累，也没有人需要别人鼓励、可怜。清楚自己的实力，知道自己能够做到什么，专注于目标，绝不轻易放弃，是狼性团队的重要品质。

第三，头狼。每个狼群都有一只头狼，头狼的权威不容挑战，这不仅是因为它是狼群中的最强者，更是因为它能够带领狼群找到更多食物。

狼性团队中也必须有一个强大的领导者，他不仅要有强大的能力、出色的个人魅力，还要有长远的眼光。他不仅负责分配团队资源，还要为团队创造最多的效益。这个团队领导和头狼一样，不是终身制的。一旦他不是团队中最强的那个，就会被更强的人取而代之。

家庭式团队文化在早期崛起的企业中扮演着非常重要的角色，但是随着时代不断改变，家庭式团队逐渐式微。这不是因为人情味没了，而是因为现代生活节奏越来越快，人们不愿意将时间浪费在其他人身上，不愿意将资源分配给那些缺少贡献的人，更不愿意因为其他人损害自己的利益。只有不断前进，不断积累自己的优势，才能走得更快，真正跟上社会和时代的节奏。

不过，需要注意的是，狼性团队虽然充满狼性，却不能缺少人性。人才的重要性已经广为人知，再铁血的团队，也不能缺少柔情。如果凡事以利益为主，新人不能出头，老人被团队抛弃，团队最终会变成只有领导一个人的团队。所以，在狼性中适当加入一些人情味，才是建立团队文化的上佳选择。

照搬的团队文化是“毒药”

想要拥有自己的团队文化，并非一件简单的事情，不仅需要正确的引导，还需要长期的积累。至于是先有好的团队才有好的团队文化，还是先有好的团队文化才有好的团队这件事，已经成为一个先有鸡还是先有蛋的问题。很多领导一时间想不出好的团队文化，就草草拿几个使用率高、涵盖面广的词语作为团队文化，例如拼搏、创新等。并不是这些不够好，而是这些并不能成为一种独特的文化。甚至可以说，这些已经是众多团队的共性。一个牢固的、能够传承下去的团队文化，一定有其特殊性。这种特殊性可以直接写在可见的条文中，也可以通过改变团队气氛来达到。

谷歌的企业文化中有四大精神，分别是办公环境亲人化、人员自由流动化、20% 的时间私有化、内部沟通扁平化。谷歌不仅将这四大精神白纸黑字记录了下来，更用行动实践了出来。

谷歌公司内部有大量娱乐设施、休闲设施，更在办公设施上满足了员工自己定制内容的要求，真正做到在公司如同回家一样。员工在工作时间内可以有一定比例的私有时间，利用这个时间可以做一些自己想做的事情。这四大精神让谷歌员工在工作的时候非常放松，这种放松不仅没有阻碍谷歌的发展，反而让谷歌的新想法、新技术层出不穷。

众所周知，乔布斯是个非常严格的人，在公司里有“暴君”的称号。但是，他重回苹果的重要跳板皮克斯公司却完全是另外一个样子。皮克斯公司里，规矩很少，只要能够完成工作，对上班时间没有硬性要求。工作人员可以自由着装，不管穿的多么邋遢、夸张，都不会有人干涉。在皮克斯一飞冲天的那段时间里，乔布斯手下最得意的两员干将甚至穿着拖鞋上班。这些事情在苹果是无法想象的，而在皮克斯却非常正常。乔布斯明白，皮克斯是一家创造快乐的公司，是一家满足人们幻想的公司，如果员工不快乐，受到拘束，如何能够创造出伟大的作品呢?

每个团队需要的团队文化是不一样的，因为每个团队的理想、每个团队要创造的东西不一样。不管是模仿别人，还是套用假大空的内容，都不足以满足一个团队的需求，甚至可能会成为杀死团队的“毒药”。只有从团队内部衍生出来的团队文化，才是最适合自己的。

那么，如何从团队内部衍生出团队文化呢？至少要做到以下几点：

第一，团队文化要制定细致。团队文化不是校训，更不是口号，不是几个词、几句话就能完全概括的。团队文化越空泛越没有意义，而越细致才越能给团队以指引。世界知名企业的团队文化，人们往往只知道简单的几句话，事实上具体内容能够印刷成一本小册子。

有人可能觉得，那么细致不就成了团队规则吗？并非，团队文化与实际的规则截然不同，团队文化更多是精神层面的东西，并没有太多实际操作上的内容。《华为基本法》有几十条内容；索尼的企业文化更是涵盖了各个方面，从团队目标到如何对待客户，再到如何管理团队中的其他人，都有详细说明。

第二，团队文化必须与时俱进。屹立不倒几十年的企业数不胜数，这些企业从无到有，从一个时代到另一个时代，经历了无数变迁才有了今天辉煌的成就。随着时代的发展，新事物的不断出现，最初制定的团队文化势必不再适用。只有那些不断增补内容，随着时代变化而变化的团队文化才能真正让一个团队有自己独特的精神面貌和前进方向。

索尼的团队文化中有一条是拥抱数字浪潮，服务理念中同样有网络化的内容。索尼诞生于 1946 年，个人计算机同样诞生于这一年。创立索尼团队文化的人不可能未卜先知地知道数字化浪潮这件事，所以这几条显然是后来加上去的；苹果公司的团队文化中有一些关于乔布斯的内容，而乔布斯离开这个世界以后，这些内容显然不再适用。

第三，团队文化必须与行业息息相关。团队文化对团队有指导意义，所以其内容一定与所在行业息息相关。例如，麦当劳的团队文化有周到的服务、清洁的环境、为顾客提供有价值的食品等内容。很多服务行业更是想方设法地将符合自己团队的服务标准纳入了团队文化。

或许你觉得以上这些内容是创建团队文化过程中每个团队都要做的，但实际上并非如此。每个团队都有自己的特殊性，不同的人员构成，不同的发展方向，不同的定位和地位。这些看似是共性的内容，套用在每个团队身上，得到的结果是截然不同的。总结来说就是，优秀企业文化的建设方法大致相同，但以此创建出来的团队文化却各有各的独特性。

仪式感带来存在感

建设团队，每个领导的侧重点不同，有人喜欢用文化和凝聚力来驱动团队，也有人喜欢用利益将员工团结在一起。不管是哪一种，都要让一个团队看起来像一个整体。而所谓的“看起来”，并不单指用眼睛看，而是通过种种方式让每个员工认识到自己是团队中的一员，并且牢记自己的身份。那么，如何让员工认同自己的身份呢？培养仪式感是一种有效的方式。

所有仪式都是为仪式感服务的。仪式感能让参与者认识到，此时此刻与平时不同，现在的身份与以往不同，团体的情况也与以前不一样。人们确切地感受到仪式感的时候，和所在的集体、团队的关系就会更近一步。

从古至今，小到一个队伍，大到一个民族，都对仪式感非常重视。在古代中国，礼教作为封建统治的重要一环，就是仪式感的运用。当时，根据身份不同人们被分成多个阶层，士大夫和平民百姓在生活中受到的礼教束缚截然不同。礼节上的不同让这两个群体牢牢记住了自己的身份，不管在任何时候，都不敢逾越半分。

加强民族认同感，同样离不开仪式。不管是古代人祭祀神明的盛大仪式，还是如今清明节、端午节等传统节日，都是体现仪式感的重要行动。这些行动让人们意识到，自己是中华民族的一员，是这个团体的组成部分。

另外一个仪式感很强的地方是军队，仪式感几乎渗透到了军队的每一个角落。军队有军旗、军徽、军装，还有军歌，这些都是仪式感，象征着军队是一个整体。希特勒用他精心设计的军装，让 800 万德国人通过仪式感成为他忠心的士兵。这些人在仪式感的驱使下，忘记了自我，只记得自己是军队的一员。他们以一个整体行动，舍生忘死。

仪式感的力量之强大，是人们难以想象的。在仪式感的驱使下，一个团队能快速从一个松散的个体凝聚成一个强大的整体。所以，建设团队的时候，仪式感必不可少。让员工产生仪式感的方法有很多，有些非常可取，有些则会起到反效果。

使用相同的东西是提升仪式感的方法，甚至能够提升管理效率。军队的军装、学生的校服，都能起到这样的作用。很多企业也要求统一着装，以达到让员工产生仪式感的目的。但是，企业、团队采用这种方式并不可取，特别是互联网企业及一些新兴行业。这些行业的主要成员是年轻人，年轻人对个性有独特的要求，强行要求统一着装，会让他们产生逆反心理。这样的企业或团队想要让员工产生仪式感，不妨使用一些标志不那么明显的东西，比如统一使用相同的马克杯，也可以模仿谷歌、皮克斯等公司，让没有规矩变成一种规矩。谷歌和皮克斯的工作环境非常宽松，这种独一无二的宽松氛围反而让团队产生了极强的仪式感。

仪式感也可以通过外物来赋予，比如一个标志可以是让员工对团队产生认同感的重要载体，就如同中世纪贵族的家徽、军队的军旗一样。这个标志不仅是团队的象征，更是团队荣耀的象征。如果一个团队不断地进步，不断地做出新成绩，那么所有用这个标志代表自己身份的人，都将以这个标志为荣。这个标志不仅能为员工赋予强大的仪式感，更会带来认同感、荣誉感。

仪式感的另外一个重要来源是集体行动。每天在一起工作，并不算集体行动。在工作之外有交集，能够真正培养出仪式感。集体聚餐、开运动会、旅游、一起玩游戏等都是培养团队仪式感的重要方式。有些人对这些方式不屑一顾，事实上组织这种集体行动，必然能使团队成员之间更有默契，增加团队凝聚力，否则不会有那么多企业和团队经常做这种类型的团建。

如今，很多管理者在培养仪式感的事情上走上了歪路，热衷于用一些在公众面前表现的方式来让员工产生仪式感。例如，每天早上将员工集合起来大声唱歌或跳舞。这种行为能让员工产生仪式感，但这种仪式感不是正面的。员工往往不会以团队为荣，反以为耻。如此培养出的仪式感，会让团队越来越差。

仪式感是提升团队凝聚力的催化剂。缺少仪式感的团队，容易缺少集体认同感，缺少归属感。想要建设团队文化，必须让团队成员有仪式感，让他们认同自己的身份。

团队有精气神，想不成功都难

交际中，第一印象很重要，那么第一印象靠什么来判断呢？容貌、发型、身高、着装……都是构成第一印象的重要组成部分。有些阅历丰富的人能够通过以上内容判断出一个人的部分性格。但是，通过这些来判断一个人是远远不够的。第一次见面，除了通过外貌来判断一个人，精、气、神也非常重要。这里的精、气、神指的不是古代哲学、医学当中的精、气、神，而是指一个人的精神面貌、气质和神态。

对于一个人来说，精、气、神非常重要，这些组成了第一印象中不能直接用肉眼看见的部分。而精、气、神对于一个团队来说同样重要，不管是精神面貌、气质还是神态，都是一个团队的重要组成部分，是团队文化形成以后的重要体现。

团队不能缺少自己的精、气、神，而领导要亲手促成这一切。

团队的精神面貌，往往显示团队是靠什么维系的。有些团队以利益为先，这并不是什么坏事，这反映在精气神上往往是良好的包装。比如，团队中的每个人都特别注重自己的形象，因为形象在某种程度上代表了地位。他们会穿上正式且高档的西装，不管男女都穿上高档皮鞋，带上价值不菲的手表，甚至手机都要统一使用 iPhone。这种团队往往是利益当先。其他团队自然会有不同的精神面貌，例如，有些以研发为主的团队的精神面貌往往是紧张的。他们不会把时间浪费在工作之外的事情上，不管是个人着装还是办公环境，都有些混乱甚至邋遢。

团队的气质，往往是团队对外发言人的表现。如今，每个大企业都有属于自己的社交平台，微信、微博都是展现团队气质的好地方。什么样的团队气质吸引什么样的粉丝，这是团队对外的窗口，非常重要。即便是同一个行业，从不同的发言人身上也能看到不同的团队气质。就拿各地公安局的微博来说，江宁公安在微博上大名鼎鼎，通过微博展现出的气质是亲切、热情，形象特别立体，比其他公安局的微博给人留下的印象更深刻。肛泰药业的微博给人的印象也非常深刻，他经常在幽默博主的微博下面讲段子，和其他网友互动，展现出这是一个非常年轻有活力的团队。开得起玩笑，经得起打击，展现出了团队的坚强和韧性。

神态简单来说是神色和姿态，而团队的神态是团队平时展现出的真实样貌。这对于评价一个团队的具体情况非常重要。很多人在评价一个团队的能力和潜力，以及评价一个领导的能力时，都会将团队的神态作为评价标准。工作时间，如果员工站没站相、坐没坐相，往往说明这个团队缺少规矩，团队成员思想自由散漫。如果很多员工在工作时间做与工作无关的事情，往往说明这个团队缺少上进心，团队领导缺少领导力和威信。通过观察一个团队的神态，能够分析出一个团队的状况，进而能够判断是否与这个团队进行合作。

某健身房的老板想要在当地一家老牌杂志上刊登广告，为了评估是否值得和这家杂志长期合作，亲自来到杂志社考察。回来后，老板对业务部门的负责人说："取消和这家杂志社的合作吧。"该负责人非常不解，认为该杂志是当地的老牌杂志，虽然销量日渐下滑，可是收费变少了。瘦死的骆驼比马大，何况凭着这家杂志社的积淀，很快就能崛起。趁着对方收费降低，建立长期合作关系，不是性价比最高的办法吗?

老板为负责人解惑道："这家杂志社在本地有至少10年的历史，我上学的时候就看过这本杂志。但是，现在杂志社里都是新人，老人都走了，认为杂志社无药可救。新人没有活力，特别是市场部的人，说话毫无底气。市场部没有几个人，还进行了统一着装，说明领导觉得他们太嫩，需要靠着装来体现统一性、专业性和成熟度。我觉得，他们市场部里的成员，除了负责人之外，大学毕业都不超过三年。

"市场部负责人的态度，用一个词来概括，就是谄媚。一家老牌杂志社的市场部负责人，表现得如此谄媚，说明他们的业绩已经糟糕透顶，我一个健身房的广告对他们来说都是务必争取到的生意。在我试探性地表达出不打算投短期广告，希望用更便宜的价格进行长期合作时，对方的态度从谄媚变成了冷淡。这说明长期合作并不合他们的心意，通过短期合作获得更多资金是他们现在渴求的。而编辑部的负责人是一种满不在乎的态度，这说明他对市场部的工作毫不关心，他是拿死工资的，内容做得再好，也没有额外收入，杂志卖得好坏，刊登了多少广告，与他无关。我回来的时候买了他们最新一期杂志，上面没有任何吸引我的内容，看来我的判断没错。

“我刚到他们公司的时候，前台正在涂指甲。我到编辑部的时候，看见他们的美工在主编的眼皮底下做私活，主编看都不看他一眼。路过财务部的时候，我发现公司的出纳正在看电视剧。我去的时候是下午三点，他们敢这样肆无忌惮，说明这个时候老板已经不在公司了。公司中的其他人似乎也不在乎他们的工作，一副失去这份工作也没什么大不了的样子。

“总而言之，我觉得这家杂志社可能要倒闭，或者是要换老板了。现在跟他们合作，特别是长期合作，绝对不是什么好时机。”

从一个团队的精、气、神能够看出很多东西，这不是福尔摩斯的本领，不需要学习基本演绎法。这些东西是一个团队的重要组成部分，也是一个团队真实面貌的展现。一个领导除了要注意合作伙伴的团队有怎样的精、气、神，还要注意自己团队的精、气、神，这有助于根除团队弊病，改善团队风气，建设真正完善的、积极向上的团队文化。

書中自有

ALL IN BOOKS

出 品 方　书中自有

出 品 人　张进步

策划监制　程　碧

出版统筹　马　丽

特约编辑　朱　莹

封面设计　MM末末美书 QQ:3218619296

内文设计　八月松子 August pine nut

运　　营　肖　遥

营　　销　何雨淳　吴　桐

法律顾问　天津益清（北京）律师事务所 王彦玲